新型生产关系

重构经济社会的关键纽带

李立中　王喜文　著

中国科学技术出版社
·北　京·

图书在版编目（CIP）数据

新型生产关系：重构经济社会的关键纽带 / 李立中，王喜文著. -- 北京：中国科学技术出版社，2025. 8（2025.10 重印）.
ISBN 978-7-5236-1491-4

Ⅰ. F120

中国国家版本馆 CIP 数据核字第 20259ES473 号

策划编辑	杜凡如　王秀艳	**责任编辑**	高雪静
封面设计	北京潜龙	**版式设计**	愚人码字
责任校对	焦　宁	**责任印制**	李晓霖

出　　版	中国科学技术出版社
发　　行	中国科学技术出版社有限公司
地　　址	北京市海淀区中关村南大街 16 号
邮　　编	100081
发行电话	010-62173865
传　　真	010-62173081
网　　址	http://www.cspbooks.com.cn

开　　本	880mm × 1230mm　1/32
字　　数	139 千字
印　　张	6.75
版　　次	2025 年 8 月第 1 版
印　　次	2025 年 10 月第 2 次印刷
印　　刷	大厂回族自治县彩虹印刷有限公司
书　　号	ISBN 978-7-5236-1491-4
定　　价	68.00 元

专家委员会

推荐序一

在人类文明的漫漫长河中，生产关系始终是社会发展的关键变量，如同无形的丝线，编织着经济与社会的复杂网络。每一次生产关系的变革，都会深刻重塑经济形态与社会结构，推动人类文明迈向新的阶段。如今，我们正站在一个前所未有的历史节点，数字技术的蓬勃发展、全球经济格局的深度调整、社会价值观念的多元演变，共同催生了对新型生产关系的迫切需求。《新型生产关系：重构经济社会的关键纽带》一书，正是在这样的时代背景下应运而生，为读者理解和把握当下经济社会变革提供了全新的视角与深刻的洞见。

进入 21 世纪，以大数据、人工智能、区块链、物联网等为代表的数字技术，正在引发一场深刻的生产力革命。在数字经济时代，数据成为了新的生产要素，其分散性、流动性和共享性特征，打破了传统生产资料的集中垄断格局，为生产关系的变革提供了新的可能。

本书的第一篇“新时代”，深入剖析了在数字技术浪潮冲击下，传统生产关系模式所面临的突破与挑战，以及资源分配方式、社会结构等方面发生的深刻变革。随着数字技术的普及，生产过程不再局限于传统的工厂和车间，远程办公、协同生产等新模式不断涌现，劳动者的工作时间和空间限制被打破，生产组织形式更加灵活多样。这种变化不仅改变了劳动者与生产资料的结合方式，也对传统的资源分配方式提出了新的要求。传统的按资分配为主的模式，逐渐向更加注重知识、技术、数据等要素贡献的分配方式转变，以实现资源的更合理配置和社会公平。同时，社会结构也在发生深刻变革，新兴职业群体不断涌现，传统的阶级和阶层界限变得模糊，社会流动性增强，这些变化都与新型生产关系的形成和发展密切相关。

在新时代背景下，新型生产关系的构建需要满足一系列新的要求，这也是本书第二篇“新要求”所重点探讨的内容。劳动者是生产力中最活跃的因素，构建新型生产关系，必须更加注重劳动者权益的保障。在数字经济时代，灵活就业人员数量不断增加，他们面临着诸如劳动保障缺失、职业发展受限等问题。因此，建立健全适应新型就业形态的劳动权益保障制度，是新型生产关系发展的必然要求。此外，生产要素的合理配置是提高经济效率的关键。如何实现这些要素的优化配置，使其在经济发展中发挥最大效能，是新型生产关系需要解决的重要问题。同时，建立更优的利益共享机制，让经济发展的成果惠及更广泛的群体，也是新型生产关系的重要目标。

基于新时代的需求和新要求，本书第三篇“新模式”详细介绍了数权经济、共享经济、免费经济、共创经济等新型经济模式。数权经济以数据权利为核心，强调数据的所有权、使用权、收益权等权利的合理界定和分配，通过建立数据交易市场和相关制度，实现数据价值的最大化。共享经济打破了传统的所有权观念，通过互联网平台实现闲置资源的共享利用，提高资源利用效率，降低社会成本。免费经济则以提供免费产品或服务为手段，通过其他盈利模式获取收益，改变了传统的商业模式和价值创造方式。共创经济虽然目前还处于理论探索和实践尝试阶段，但其所倡导的共同生产、共同占有、共同分配的理念，为新型生产关系的发展提供了新的思路和方向。这些新型经济模式相互关联、相互促进，共同构成了新型生产关系的实践基础。

为了保障新型生产关系的有效运行，还需要建立与之相适应的新机制，这便是本书第四篇“新机制”的主要内容。多元化产权结构的建立，有助于打破传统产权制度的束缚，促进各种生产要素的自由流动和优化配置。在新型生产关系中，产权不再是单一的所有权形式，而是包含了多种权利组合的复合结构，如数据产权、知识产权等。创新驱动机制是推动新型生产关系发展的核心动力。在数字经济时代，创新成为经济增长的主要源泉，通过建立健全鼓励创新的政策体系、激励机制和市场环境，能够激发企业和个人的创新活力，推动技术进步和产业升级。

希望本书能够引发更多人对新型生产关系的关注和思考，

激发更多的研究和实践探索，共同为构建更加公平、高效、可持续的新型生产关系贡献智慧和力量。

中国致公党第十六届中央委员会委员、经济委员会副主任

王泽群

推荐序二

在新时代的语境下，传统生产关系模式遭遇了前所未有的挑战。过去，以资本为中心、以大规模标准化生产为特征的生产关系，在特定历史阶段推动了生产力的发展，创造了巨大的物质财富。然而，随着生产力的进一步发展，这种模式的局限性日益凸显。

资源分配方式作为生产关系的重要组成部分，同样面临着深刻的变革。传统的资源分配方式，往往基于权力、资本等要素进行，这种分配方式在效率与公平之间难以达到平衡。新时代要求我们必须优化资源分配方式，以更加公平、高效、可持续的方式配置资源。通过技术创新和制度创新，打破资源垄断，让更多的主体能够参与到资源分配的过程中，实现资源的精准投放和高效利用。

经济社会制度的全面完善是新型生产关系构建的重要保障。制度是生产关系的规范化和制度化体现，只有建立健全并与之相适应的经济社会制度，才能确保新型生产关系的稳定运行。通过经济社会制度的全面完善，为新型生产关系的构建提供坚实的制度基础，推动经济社会的可持续发展。

新要求的提出，是基于对新时代经济社会发展趋势的深刻洞察。在新型生产关系的构建中，更好的劳动者权益保障成为首要任务。劳动者是生产力中最活跃、最关键的因素，只有保障劳动者的合法权益，提高劳动者的待遇和地位，才能激发他们的积极性和创造力，为经济社会发展注入源源不断的动力。

更好的生产要素合理配置是提高经济效率和质量的关键。在新型生产关系下，生产要素不再局限于传统的劳动力、资本和土地，数据、技术、知识等新型生产要素的重要性日益凸显。我们需要建立更加科学合理的生产要素配置机制，打破要素流动的障碍，促进各类生产要素的优化组合，实现资源的最优配置。

更优的利益共享机制及其优化组合是实现社会公平正义和共同富裕的重要途径。新型生产关系要求我们建立更加公平合理的利益共享机制，让不同主体都能在经济发展中分享成果。

新模式的出现，是新型生产关系在实践中的具体体现。数权经济作为一种基于数据权利的新型经济模式，正在改变着传统的经济运行方式。共享经济是利用互联网平台实现资源共享和优化配置的经济模式。它打破了传统的所有权观念，通过共享闲置资源，提高资源利用效率，降低社会成本。免费经济并非真正意义上的免费，而是通过免费的产品或服务吸引用户，然后通过其他方式实现盈利的经济模式。免费经济模式的核心在于通过免费策略来积累用户规模和数据资源，然后通过广告、增值服务、数据变现等方式实现商业价值。免费经济模式改变了传统的商业模式和盈利方式，推动了互联网产业的快速发展。同时，免费经济模式也引发了对用户隐私保护、市场竞争秩序等问题的关注，需要我们在发展过程中加以规范和引导。共创经济是一种更高层次的经济模式，它强调生产资料的共同占有和劳动成果的共同分享。在共创经济模式下，人们不再以追求个人利益最大化为目标，而是以满足社会共同需求为出发点，通过协作和共享实现共同发展。虽然共创经济目前还处于理论探索和实践尝试阶段，但它为我们描绘了未来经济社会发展的美好愿景。

新机制的构建是新型生产关系稳定运行的重要支撑。创新驱动机制是推动经济发展和社会进步的核心动力。在新型生产关系中，创新不仅包括技术创新，还涵盖了制度创新、管理创新、商业模式创新等多个方面。通过建立健全创新激励机制，加大对创新的投入和支持，鼓励企业和科研机构开展创新活动，培养创新人才，营造良好的创新氛围。同时，要加强知识产权保护，提高创新者的收益，让创新成为经济社会发展的常态。创新驱动机制的构建，能够推动产业升级和经济结构调整，提高经济的核心竞争力，实现经济社会的可持续发展。

《新型生产关系：重构经济社会的关键纽带》这本书，通过对新时代、新要求、新模式和新机制的系统阐述，全面深入地探讨了新型生产关系的内涵、特征、发展趋势以及在经济社会重构中的重要作用。它不仅为我们理解当前经济社会发展中的各种现象和问题提供了新的视角，也为我们探索未来经济社会发展的道路提供了有益的参考和借鉴。希望本书的出版，能够引起更多人对新型生产关系的关注和思考，共同推动经济社会的创新发展和进步。

美国国家人工智能科学院通讯院士，世界人工意识协会理事长

段玉聪

前　言

生产力，作为人类社会发展的基石，是推动社会前进的原始动力。而与之相生相伴的生产关系，作为创造者与资源所有者之间的社会纽带，并与生产力相互作用，共同塑造着社会的面貌与未来。历史的长河中，人类的经济制度经历了无数次的迭代与进化，每一次重大的制度变革都标志着生产力的飞跃和生产关系的重构。

生产力与生产关系的相互作用，是推动社会发展的根本动力。新质生产力的出现，往往伴随着与之相匹配的新型生产关系。这种关系不是一蹴而就的，而是在不断地摩擦与碰撞中逐步形成的。新质生产力的显著特点是创新。这种创新不仅体现在技术层面，更体现在管理和制度层面。新质生产力的发展动因包括科技革命的推动、市场需求的引导，以及社会制度的支持等多方面。

新型生产关系的形成是对传统生产关系的扬弃与超越。它要求我们在制度上实现创新和重塑，并形成与之相适应的新型生产关系。这需要我们从历史唯物主义的基本观点出发，坚持以经济体制改革为牵引，全面深化改革。

人类经济制度的迭代进化是一个不断深化的过程。从最初的分钱制度，到股权制度的出现，再到硅谷崛起带来的期权制度，每一次制度的变革都是对生产力的重新定义和再认识。股权制度的出现是人类经济史上的一个里程碑事件。它让所有资本家与劳动者共同分享利润，重新定义了资金资本主义的时代。随后，硅谷的崛起让我们认识到人才也是一种资本，期权制度的诞生为创业人重新定价，人才资本主义时代正式拉开帷幕。区块链技术的出现，带来了生产关系的第三次革命。人工智能生成内容（AIGC）的出现，让我们面临版权归属的新问题。区块链技术的权识生态，为解决这些问题提供了可能，构建了新型生产关系。

新时代对新型生产关系提出了全新的要求。这些要求体现在基本经济制度的变革、市场制度的挑战，以及宏观经济治理体系的重构等方面。数字化时代，数据成了生产要素的一部分。这对传统的生产资料所有制、分配制度和资源配置方式提出了全新的挑战。如何界定数据的产权，如何平衡按劳分配与按生产要素分配的关系，以及如何在市场中更好地发挥政府作用，都是新时代必须解决的问题。

从微观层面看，新质生产力的发展对企业治理制度和市场竞争机制提出了挑战。如何实现企业权、责、利的统一，如何界定技术创新获得的巨额利润是否属于垄断，都是当前面临的难题。从宏观层面看，新质生产力的发展对宏观经济治理体系提出了新的要求。如何发挥国家战略规划的引领作用，如何深化财税体制改革，以及如何应对数字货币对传统货币制度的挑战，都是我们必须面对的问题。

国家领导人在多次讲话中，对新质生产力的主要特征、发展动因和体制机制创新等进行了深刻的阐述，并着重强调，发展新质生产力，必须全面深化改革，形成与之相适应的新型生产关系。新质生产力的基本特征是创新。只有不断创新，才能推动生产力的发展。根据历史唯物主义的基本观点，生产力决定生产关系。新质生产力的发展，对新型生产关系提出了全面变革的要求。这要求我们在基本经济制度、市场制度和宏观经济治理体系等方面进行深刻的变革。

随着科技的不断进步，特别是数字化和人工智能的崛起，生产力和生产关系正在经历深刻的变革。通过进一步全面深化改革，形成与之相适应的新型生产关系，可以推动生产力的发展，实现经济的持续增长。未来，随着新质生产力的不断发展，生产关系将继续发生深刻的变革，推动社会的进步与发展。

目 录
CONTENTS

第一篇
新时代
PART 1

新型生产关系是在新时代背景下，适应新质生产力的特征和要求，以促进人的全面发展和社会全面进步为根本目标的生产关系。

新型生产关系是以协调为关键引领，突破传统生产关系模式、资源分配方式，具有高协同、高适配、高活力特征，契合新发展理念的先进生产关系形态（图 0-1）。它由社会结构深刻变革、资源分配方式创新优化、经济社会制度全面完善所促成，以劳动者权益保障、生产要素合理配置、利益共享机制及其优化组合为基本内涵，以生产关系与生产力高度适配并促进生产力发展为核心标志，特点是协调适配，关键在科学合理，本质是促进人的全面发展和社会全面进步的生产关系。

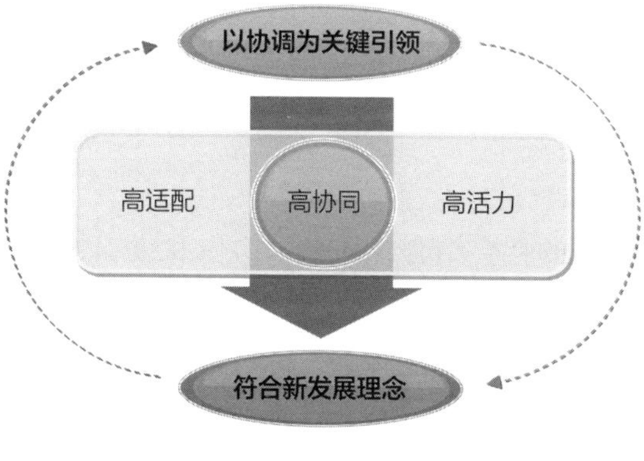

图 0-1　新型生产关系的定义

第一章
突破传统生产关系模式

通常认为，新质生产力的构成要素可分为两类。一类是一切社会发展形式共有的简单要素，例如劳动者、劳动资料和劳动对象。马克思在研究劳动过程一般性质时指出，劳动过程简单要素包括有目的的活动（即劳动者劳动力的使用，可由劳动者指代）、劳动对象和劳动资料，这些都是新质生产力的基础性要素。

另一类是当前社会发展形式进一步发展的要素，涵盖科技创新、生产过程的社会结合、自然条件和数据要素等。工业化时代提及劳动生产力由多种情况决定，如工人熟练程度、科学发展及应用程度、生产过程的社会结合、生产资料规模效能和自然条件等。新质生产力的要素在其基础上进一步拓展，既有被重新塑造的要素，也有在数字经济中愈发重要的数据要素等。

生产过程的社会结合，即分工协作和组织管理，是要素组合方式，而科技创新是新质生产力形成的关键，数据、自然条件等要素也发挥着重要作用。这些要素及其组合的跃升，是新质生产力内外动力共同推动的结果，也意味着我们必须突破传统生产关系模式，以适应新质生产力的发展需求，为经济社会的进步开辟新路径。

第一节
内在动力：新质生产力诸要素的内在矛盾及其解决

在经济发展的宏大叙事中，生产力的发展动力始终是马克思主义政治经济学深入探究的核心议题。历经长期的理论争鸣与实践检验，形成了“生产力内在动力说”、“生产关系动力说”和“生产力与生产关系矛盾说”三种具有深远影响力的学说（图 1-1）。它们犹如多棱镜的不同侧面，从各自独特的视角，为剖析生产力发展的动力源泉提供了深刻的理论支撑。当我们将目光聚焦于新质生产力这一崭新的生产力形态时，这些学说又为我们理解新质生产力的发展动力开辟了全新的路径。

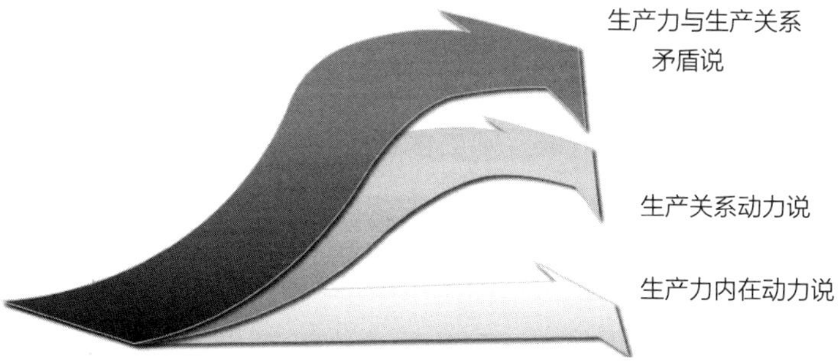

图 1-1　生产力动力学说的三种理论

一、生产力动力学说的理论溯源与辨析

生产力动力学说有三种，其核心观点如下。

◆“生产力内在动力说”

“生产力内在动力说”宛如一位专注于内部结构的解剖者，深入探寻生产力自身的奥秘。它坚信生产力的发展动力深深扎根于其内部，如同生命的活力源于自身的新陈代谢。劳动者与劳动资料之间的矛盾，恰似琴师与乐器的磨合，琴师技艺的提升与乐器性能的改进相互影响；劳动资料与劳动对象的矛盾，则如同工匠手中的工具与待雕琢的材料，工具的革新推动着材料加工方式的变革，而材料的特性又对工具提出新的要求。这些内在矛盾的不断涌现与解决，构成了生产力发展的不竭动力，宛如引擎的活塞运动，推动着生产力的车轮滚滚向前。

◆“生产关系动力说”

“生产关系动力说”则更像是一位社会关系的洞察者，强调生产力与生产关系之间的紧密依存。它指出，生产力无法脱离生产关系而孤立存在，就如同鱼儿离不开水，鸟儿离不开天空。生产关系犹如一只无形的手，对生产力的发展起着决定性的引导作用。当生产关系与生产力相适应时，仿佛为生产力的发展铺设了一条平坦的高速公路，能够激发劳动者的积极性和创造力，促进生产效率的大幅提升。反之，若生产关系滞后于

生产力的发展，就如同给生产力的发展套上了沉重的枷锁，阻碍其前进的步伐。

◆“生产力与生产关系矛盾说”

“生产力与生产关系矛盾说”则站在宏观的历史角度，审视生产力与生产关系之间的矛盾运动。它认为，生产力的发展动力并非单一因素所能决定，而是需要在生产力与生产关系的相互作用、相互制约中去探寻。这种矛盾运动就像一场精彩的舞蹈，生产力与生产关系相互配合、相互影响，推动着社会经济的发展。当生产力发展到一定阶段，原有的生产关系无法满足其需求时，就会引发生产关系的变革；而生产关系的变革又会反作用于生产力，促进其进一步发展。

这三种学说虽然侧重点各异，但却相互补充，共同为分析新质生产力的发展提供了丰富的理论养分。对于新质生产力而言，其发展动力同样可以从内部和外部两个维度进行梳理。

来自新质生产力内部的动力，如同种子内部蕴含的生命力，是推动新质生产力发展的直接力量。“生产力内在动力说”为我们深入剖析这一内部动力提供了有力的理论支持。新质生产力作为生产力的新形态，其构成要素之间的内在矛盾及其解决，直接驱动着新质生产力的发展。这些构成要素不仅包括传统的劳动者、劳动资料和劳动对象，还涵盖了科学技术、生产过程的社会结合、自然条件和数据要素等。这些要素相互交织、相互作用，构成了新质生产力发展的内在动力系统。

来自新质生产力外部的动力，犹如阳光、雨露对种子的滋养，通过作用于新质生产力诸因素及其矛盾，间接推动新质生产力的发展。“生产关系动力说”和“生产力与生产关系矛盾说”为我们探讨这一外部动力提供了理论依据。生产关系的调整和变革，以及生产力与生产关系之间的矛盾运动，都能为新质生产力的发展创造良好的外部环境，激发其发展的潜力。

二、新质生产力诸要素的内在矛盾剖析

◆ 劳动资料与劳动者的适配矛盾

在新质生产力的发展进程中，代表着新质生产力的劳动资料与劳动者之间的矛盾日益凸显。随着科技的飞速发展，先进的技术设备如雨后春笋般涌现，这些设备犹如高性能的赛车，需要专业的赛车手来驾驭。它们对劳动者的技能水平提出了极高的要求，急需与之相适应的大量高技术劳动力。

以产业数字化和数字产业化的浪潮为例，相关行业对数字技术人才的需求呈现出爆发式增长。在数字化工厂中，智能机器人、自动化生产线等先进设备广泛应用，这些设备的操作和维护需要具备深厚数字技术知识和技能的劳动者。如果不能为这些更新换代的或者新出现的机器设备匹配充足的、有相应技能的劳动者，那么这些劳动资料的性能就如同被束缚的雄鹰，难以充分发挥。这不仅会导致生产效率低下，还可能增加

设备的故障率和维修成本，阻碍新质生产力的发展。

◆ 劳动资料与劳动对象及其他劳动资料的关联矛盾

新质生产力下，劳动资料与劳动对象之间存在着紧密的关联矛盾，同时劳动资料与其他劳动资料之间也相互影响。劳动资料的颠覆性变革，如同巨石投入平静的湖面，会引发一系列的连锁反应，对劳动对象提出更高的要求。新能源和新材料的开发，就像打开了一扇通往新世界的大门，将引发劳动资料的相应变革。

例如，随着新能源汽车行业的蓬勃发展，对锂、镍、钴、锰等原材料的需求急剧增加，这促使原材料行业不断创新开采和提炼技术，以满足新能源汽车行业对原材料的特殊要求。同时，新能源汽车行业的发展也带动了动力电池、电机、电控等相关行业的技术突破。一个行业的劳动资料变革，如同多米诺骨牌，将促进关联行业的劳动资料变革。在马克思所处的时代，纺纱行业对机器的使用，就像引发了一场技术革命的导火索，要求织布行业也采用机器，二者又促使漂白业、印花业与染色行业出现生产过程的技术变革。而在当今时代，产业关联更加复杂，当新能源汽车行业的劳动资料出现重大技术突破时，为与之相适应，相关行业的劳动资料也将被带动着出现技术突破，从而推动整个产业链的升级和发展。

◆ 数据与数字基础设施的供需矛盾

随着人工智能、大数据、物联网、云计算等数字技术的迅猛发展，以及产业数字化和数字产业化的不断推进，海量的、泛在的、多样化的数据如汹涌的潮水般涌来，对数据存储、通信和计算能力提出了前所未有的高要求。这就好比一个城市的人口急剧增长，于是对城市的基础设施，如住房、交通、水电等提出了更高的需求。

为了满足这些高要求，需要建立和发展相应的数字基础设施体系，如同为城市建设现代化的基础设施一样。适度超前地布局建设形成全国一体化算力网等数字基础设施，就显得尤为重要。这些数字基础设施就像数据的高速公路和超级仓库，能够高效地存储、传输和处理海量数据，为新质生产力的发展提供坚实的支撑。如果数字基础设施建设滞后，就会出现数据拥堵、处理缓慢等问题，将影响新质生产力的发展效率。

◆ 自然条件利用与保护的平衡矛盾

生产力体现了人与自然之间的紧密关系，利用自然和保护自然犹如天平的两端，构成了一组矛盾。对于定位于绿色生产力的新质生产力而言，如何处理好这组矛盾，就如同在钢丝绳上行走，需要小心翼翼地保持平衡，显得尤为重要。

恩格斯曾深刻指出："我们连同我们的肉、血和头脑都是属于自然界和存在于自然界之中的；我们对自然界的整个支配作用，就在于我们比其他一切生物强，能够认识和正确运用自然规律。"在发展新质生产力时，我们必须秉持人类属于自然界和存在于自然界的自我认知，如同敬畏生命一样敬畏自然。只有深入探索对自然规律的认识和运用，才能利用自然，为新质生产力的发展提供丰富的资源，同时又能保护好自然环境，实现经济发展与环境保护的双赢，有助于保持新质生产力的绿色生产力发展方向。

◆ 科技创新与生产过程社会结合的适配矛盾

马克思在《资本论》中，生动地论述了由机器的发明和使用所引发的工场手工业向机器大工业的转变。新出现的机器是当时的颠覆性科技创新，犹如一颗璀璨的新星照亮了工业发展的道路。然而，原有的手工工场主要基于工人与工人之间的分工，与机器不相兼容，就像古老的马车无法适应高速公路的要求。为了有效发挥机器的生产能力，需要转变为能够给机器与机器之间分工提供空间的现代工厂，这就如同为新的交通工具修建合适的道路。

自 18 世纪后半叶以来，伴随着科技革命的发生发展，生产过程社会结合的方式不断地出现变革，如同一场不断演变的舞蹈。从最初的机器工厂生产组织方式，演化为机器大工业生产方式、泰勒制科学管理标准化生产方式、福特制流水线大规模生产方式、后福特制大规模定制生产方式等。在当前新一轮科技革命之下，人工智能、大数据等技术变革要求生产组织方式向数字化、智能化、个性化等方向深刻变革。科技创新是发展新质生产力的核心要素，科技创新尤其是原创性颠覆性科技创新与生产过程的社会结合之间的矛盾，如同火车头与铁轨的磨合，能够引领其他内在矛盾的运动，在一定程度上构成了新质生产力发展的主要内在矛盾（图 1–2）。

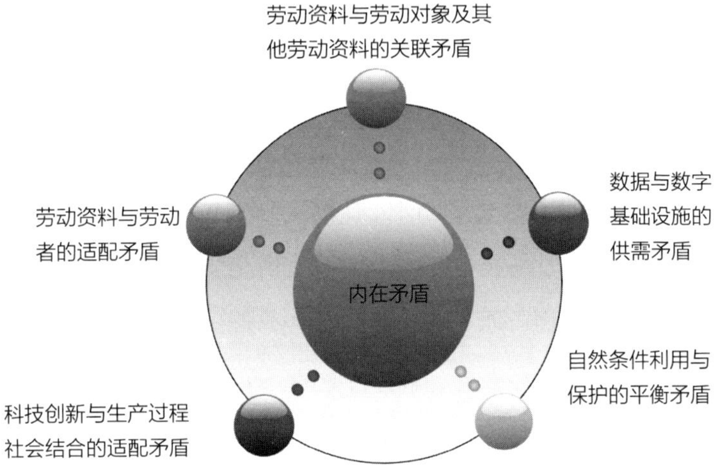

图 1–2　新质生产力发展的主要内在矛盾

三、内在矛盾解决对新质生产力的推动作用

◆ 要素协同与生产力提升

新质生产力诸要素内在矛盾的解决，就像一场精密的交响乐演奏，能够促进各要素之间的协同发展，进而推动新质生产力的整体提升。当劳动资料与劳动者之间的矛盾得到解决，劳动者能够熟练地操作先进的技术设备，就像赛车手与赛车完

美配合，能够充分发挥劳动资料的性能，提高生产效率。

例如，通过加强职业教育和培训，培养出大量适应新质生产力发展需求的高技术劳动者，使他们能够驾驭先进的智能设备，实现生产过程的高效运行。当劳动资料与劳动对象及其他劳动资料之间的矛盾得到解决时，各行业之间的关联更加紧密，产业链更加完善，能够实现资源的优化配置，推动产业的升级和发展。

◆ 科技创新与产业升级

解决科技创新与生产过程社会结合之间的矛盾，如同为科技创新插上了腾飞的翅膀，能够加速科技创新的成果转化，推动产业升级。当生产组织方式能够适应科技创新的要求，为科技创新提供良好的应用场景和实践平台，科技创新就能够迅速转化为现实生产力。

例如，在数字化、智能化的生产组织方式下，人工智能、大数据等技术能够更好地应用于生产过程，实现生产的智能化控制和管理，提高产品的质量和竞争力。同时，产业升级又会对科技创新提出更高的要求，促进科技创新的不断深入，形成科技创新与产业升级的良性互动。

◆ 可持续发展与绿色转型

处理好利用自然条件与保护自然环境之间的矛盾，是实现新质生产力可持续发展和绿色转型的关键。当我们能够正确认识和运用自然规律，在利用自然为新质生产力的发展提供资源与保障时，同时又能保护好自然环境，就可以实现经济发展与环境保护的和谐共生。

例如，发展可再生能源技术，既能满足能源需求，又能减少对环境的污染；推广绿色生产方式，实现资源的循环利用，降低资源消耗和废弃物排放。这种可持续发展和绿色转型，不仅符合人类长远利益，也为新质生产力的发展开辟了广阔的空间。

在新质生产力的发展过程中，诸要素的内在矛盾及其解决成果构成了其发展的内在动力。通过深入剖析这些矛盾，积极寻求解决之道，我们能够更好地推动新质生产力的发展，实现经济的高质量发展和社会的可持续进步（图 1–3）。

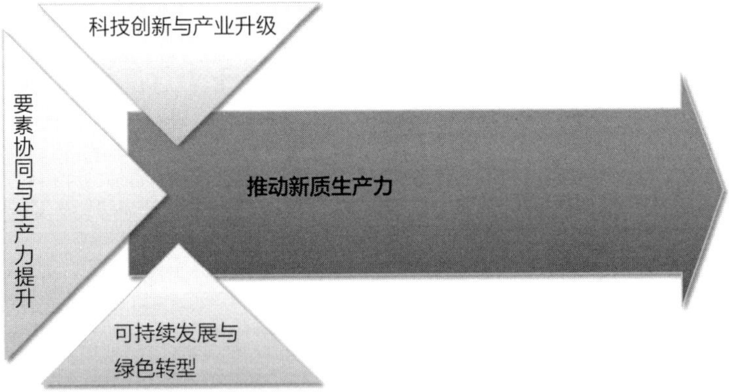

图 1–3　内在矛盾解决对新质生产力的推动作用

第二节
外在推动：全面深化改革形成新型生产关系

在人类社会发展的宏大进程中，生产力与生产关系宛如紧密交织的经纬线，共同编织出社会发展的复杂图景。它们之间的相互作用与动态平衡，深刻影响着社会的经济结构、政治制度与文化形态。而全面深化改革，作为推动生产关系变革的关键力量，在促进生产力发展、推动社会进步方面，发挥着不可替代的重要作用。

一、生产力与生产关系：理论溯源与内涵剖析

在经济学与社会学理论的长河中，“生产关系动力说”与“生产力与生产关系矛盾说”占据着重要的位置。“生产关系动力说”强调生产力与生产关系的紧密依存性。生产力作为生产的物质要素，是人类改造自然、获取物质资料的能力体现；生产关系则是生产的社会形式，规范着人们在生产过程中的地位与相互关系。二者相互依存、不可分割，脱离生产关系去探寻生产力的内在动力犹如缘木求鱼。在这种学说看来，新的生产关系是生产力强大发展的根本动力。例如，在资本主义发展初期，自由竞争的生产关系打破了封建制度对生产力的束缚，激发了人们的生产积极性和创造力，推动了生产力的

迅猛发展。

“生产力与生产关系矛盾说”则着重于矛盾运动的视角。它指出，生产力的发展动力不能单纯从生产力内部矛盾或者生产关系的单方面推动来解释，而需要在生产力与生产关系的矛盾运动中寻找根源。生产力的发展会促使生产关系发生变革，而生产关系的调整又会反作用于生产力。当生产关系适应生产力发展时，会促进生产力的进步；反之，则会阻碍生产力的发展。比如，随着工业革命的推进，机器化大生产的出现使得原有的手工工场生产关系不再适应生产力的发展，于是资本主义生产关系逐渐确立，进一步推动了生产力的快速发展。

尽管这两种学说的侧重点有所不同，但它们都深刻认识到变革生产关系对生产力的推动作用。生产关系在不适应生产力时，就像给生产力发展套上了枷锁，阻碍其前进的步伐；而当变革原有的生产关系，使其趋向于适应生产力时，就如同为生产力发展注入了强大的动力，促进其蓬勃发展。这一思想不仅被上述两种学说所接纳和强调，也得到了“生产力内在动力说”的认可，成为唯物史观中的重要基石。

生产力是生产物质财富和精神财富过程中各种力量的总和，是生产过程的物质内容。它的基本要素包括生产工具、劳动对象和劳动者。生产工具是生产力发展水平的重要标志，从原始的石器工具到现代的智能化生产设备，生产工具的不断革新推动着生产力的巨大飞跃。劳动对象是人类劳动所指向的目标，随着科技的进步，劳动对象的范围不断扩大，从传统的自然资源到各种新型材料，为生产力的发展提供了更广阔的空间。劳动者是生产力中最活跃的因素，他们运用自己的体力和智力，操纵生产工具，作用于劳动对象，创造出物质文明与精神文明产品。生产力是社会发展的内在动力，为人类满足生存与生活需求提供了坚实的物质基础。例如，在农业生产中，农民运用先进的农业机械（生产工具），在肥沃的土地（劳动对象）上辛勤劳作，生产出丰富的粮食和其他农产品，满足人们的生活需要。

生产关系是人们在物质资料生产过程中形成的相互关系，体现了生产方式的社会结构。它涵盖了原料所有者与生产者之间的关系，以及生产过程中各个环节参与者之间的关系。生产关系是社会存在和发展的基础，由马克思和恩格斯在《德意志意识形态》一书中首次提出，是历史唯物主义的基本构成。在不同的社会形态中，生产关系有着不同的表现形式。在封建社会，封建地主与农民之间的租佃关系是主要的生产关系，地主占有土地等生产资料，农民则在地主的土地上劳作，向地主缴纳地租。在资本主义社会，资本家与工人之间的雇佣关系成为主导，资本家占有生产资料，雇用工人进行生产，获取工人创造的剩余价值。

生产力的核心在于人的能力与工具的结合，通过劳动活动创造出物质财富与精神产品。劳动者的技能、知识和创造力与先进的生产工具相结合，能够极大地提高生产效率和产品质量。生产关系的核心是人与人之间的社会联系，它反映了社会分工与协作的模式。合理的生产关系能够促进社会分工的细化和协作的高效，提高生产的整体效益。在现代制造业中，不同部门的工人之间有着明确的分工，他们相互协作，共同完成产品的生产过程，这其中生产关系的协调起着关键作用。

二、生产力与生产关系的交互作用及社会影响

生产力与生产关系之间存在着紧密的相互作用，这种作用是一个动态的、不断发展的过程。生产力的发展是推动生产关系变革的根本原因。随着社会科技的进步和经济结构的调整，生产力水平不断提高，原有的生产关系逐渐无法适应新的生产力发展需求。例如，在工业革命时期，机器生产逐渐取代手工劳动，生产力得到了极大的提升。这种生产力的变革使原有的手工工场生产关系变得不再适应，于是资本主义的工厂制度逐渐兴起，资本家雇用工人进行大规模的机器生产，生产关系发生了深刻的变革。

反之，生产关系对生产力也有着重要的反作用。当生产关系适应生产力发展时，它能够为生产力的发展提供良好的环境和条件，促进生产力的进步。在资本主义发展初期，自由竞

争的生产关系激发了资本家的创新和投资热情，推动了技术的进步和生产力的快速发展。然而，当生产关系不适应生产力发展时，就会阻碍生产力的发展。随着资本主义的发展，生产的社会化与生产资料的私人占有之间的矛盾日益尖锐，这种生产关系逐渐成为阻碍生产力进一步发展的桎梏，引发了经济危机等一系列社会问题。

在生产力与生产关系的交互作用下，人类社会不断进化，形成了多元的生产与生活方式，推动着人类社会从一个发展阶段向另一个发展阶段过渡。在农业社会，生产力水平相对较低，主要以农业生产为主，生产关系以封建土地所有制为基础，农民与地主之间的关系是社会生产关系的主要体现。随着生产力的发展，工业革命的兴起使人类社会进入了工业社会。机器化大生产成为主要的生产方式，生产力得到了极大的提高，生产关系也发生了巨大的变化，资本主义雇佣劳动制度成为主导。

如今，随着信息技术的飞速发展，人类社会正逐步迈向信息社会。在信息社会中，生产力的发展更加依赖于知识和技术，生产关系也呈现出更加多元化和灵活的特点。互联网的普及使得企业的组织形式和生产方式发生了巨大变化，远程办公、共享经济等新型生产关系不断涌现，这些新型生产关系适应了信息社会生产力发展的需求，进一步推动了社会的进步。

生产力与生产关系的动态平衡对社会的经济结构、政治制度与文化形态产生了深远的影响。在经济结构方面，它们的相互作用决定了产业结构的调整和升级。在工业社会，制造业占据主导地位；而在信息社会，服务业和高新技术产业的比重不断增加。在政治制度方面，生产关系的性质决定了政治制度的基本特征。资本主义生产关系下的政治制度强调私有制和自由竞争，而社会主义生产关系下的政治制度则以公有制为主体，追求社会公平和共同富裕。在文化形态方面，生产力与生产关系的发展水平影响着文化的内容和形式。在科技发达的现代社会，文化产业蓬勃发展，各种新兴的文化形式不断涌现，丰富了人们的精神生活。

三、全面深化改革：推动生产关系变革的关键举措

在当今时代，生产力的发展日新月异，科技进步的速度前所未有。然而，原有的生产关系在某些方面可能已经无法适应生产力的快速发展。例如，传统的企业组织形式和管理模式可能在面对数字化、智能化生产时显得效率低下；原有的分配制度可能无法充分激励创新和人才的发展。因此，全面深化改革，变革生产关系，使其更好地适应生产力的发展，具有极其重要的必要性和紧迫性。

全面深化改革能够打破旧有的利益格局，消除生产关系

中阻碍生产力发展的因素。在一些行业中，存在着垄断现象，限制了市场竞争，阻碍了生产力的发展。通过改革，打破垄断，引入竞争机制，能够激发企业的创新活力，提高生产效率。改革还能够优化资源配置，提高资源利用效率。在传统的计划经济体制下，资源配置往往依赖行政指令，导致资源浪费和配置不合理。而通过市场经济体制改革，发挥市场在资源配置中的决定性作用，能够使资源流向效率更高的领域和企业，促进生产力的发展。

全面深化改革涵盖了多个领域，包括经济体制改革、政治体制改革、社会体制改革等。在经济体制改革方面，要进一步完善社会主义市场经济体制，处理好政府与市场的关系。政府要减少对微观经济的干预，加强宏观调控和市场监管，为市场主体创造公平竞争的环境。要推进国有企业改革，提高国有企业的竞争力和创新能力，使其更好地适应市场经济的发展要求。同时，要鼓励和支持非公有制经济的发展，激发非公有制经济的活力和创造力。在政治体制改革方面，要加强民主法治建设，提高政府的治理能力和治理水平。完善民主决策机制，让人民群众能够更好地参与国家事务的管理。加强法治建设，保障公民的合法权益，维护社会的公平正义。在社会体制改革方面，要加强社会保障体系建设，提高教育、医疗、养老等公共服务水平，促进社会公平和谐。要推进收入分配制度改革，缩小收入差距，实现共同富裕。

在实践中，我国的全面深化改革取得了显著的成效。通过经济体制改革，我国的经济实现了快速增长，综合国力不断提升。国有企业改革使其竞争力不断增强，在国际市场上发挥着重要作用。非公有制经济的发展为经济增长和就业创造了大量机会。在政治体制改革方面，我国的民主法治建设不断推进，政府的治理能力和治理水平不断提高。在社会体制改革方面，社会保障体系不断完善，教育、医疗等公共服务水平不断提升，人民群众的获得感和幸福感不断增强。

四、新型生产关系的构建与展望

通过全面深化改革，构建新型生产关系具有一系列鲜明的特征。在经济领域，新型生产关系将更加注重创新和可持续发展。企业之间的合作将更加紧密，形成创新共同体，共同推动技术的研发和应用。在分配制度方面，将更加注重公平与效率的统一，通过合理的分配机制，激发劳动者的积极性和创造力，同时保障社会的公平正义。在劳动关系方面，将更加注重劳动者的权益保护，构建和谐稳定的劳动关系。随着互联网技术的发展，新型生产关系还将呈现出数字化、智能化的特点，生产过程将更加高效、精准。

新型生产关系的构建将对未来社会发展产生深远的影响。它将推动生产力的进一步发展，促进经济的高质量增长（图 1-4）。

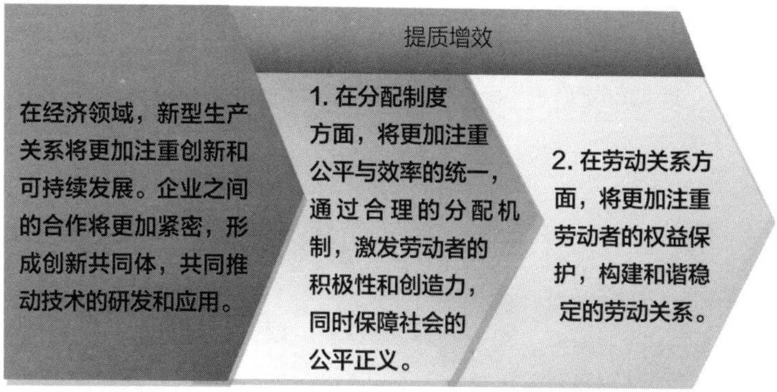

图 1-4　新型生产关系对经济发展的意义

创新驱动的生产关系将激发企业的创新活力，推动技术的不断进步，提高生产效率和产品质量。新型生产关系将促进社会的公平和谐。合理的分配制度和劳动关系将缩小收入差距，保障劳动者的权益，减少社会矛盾。新型生产关系还将推动社会的可持续发展（图 1-5）。注重环境保护和资源节约的生产关系将促进经济与环境的协调发展，实现人类社会的可持续发展目标。

在全面深化改革的推动下，新型生产关系的构建是时代发展的必然要求。通过深刻理解生产力与生产关系的相互作用，积极推进改革实践，我们能够构建出适应生产力发展的新型生产关系，为人类社会的进步与发展创造更加美好的未来。让我们坚定改革的信心，不断探索创新，在生产力与生产关系的良性互动中，实现社会的持续发展和人类的幸福安康。

新型生产关系将推动生产力的进一步发展，促进经济的高质量增长。创新驱动的生产关系将激发企业的创新活力，推动技术的不断进步，提高生产效率和产品质量。

新型生产关系将促进社会的公平和谐。合理的分配制度和劳动关系将缩小收入差距，保障劳动者的权益，减少社会矛盾。

新型生产关系还将推动社会的可持续发展。注重环境保护和资源节约的生产关系将促进经济与环境的协调发展，实现人类社会的可持续发展目标。

图 1-5　新型生产关系对社会发展的意义

第三节
新型生产关系“新”在哪里

在时代的浪潮中，中国特色社会主义步入新时代，经济发展的格局与态势发生了深刻的转变。我国社会主要矛盾已转化为人民日益增长的美好生活需要和不平衡不充分的发展之间的矛盾，对这一关键转变的描述如同一把精准的手术刀，剖析出经济发展的症结所在。当前，经济发展的主要问题聚焦于供给侧，“需求变了，供给的产品却没有变，质量、服务跟不上”，这一判断不仅揭示了当下经济发展面临的核心困境，更像一盏明灯，为发展新质生产力和构建新型生产关系指明了方向。新型生产关系，作为适应新时代经济发展需求的产物，其

“新”体现在多个维度，对经济社会的发展有着深远影响。

一、马克思理论视角下生产关系的重要性

马克思对于生产关系有着深刻且独到的见解，他指出生产关系是“直接从生产本身中生长出来的，并且又对生产发生决定性的反作用”。这一论述深刻地阐述了生产关系与生产之间的紧密联系。生产关系并非孤立存在，它是在生产过程中自然衍生的，同时又对生产活动起到决定性的影响。在生产活动中，生产关系规范着生产资料的占有方式、人们在生产中的地位，以及产品的分配形式，这些因素直接影响着生产者的积极性和创造性，进而影响生产的效率和质量。

马克思还强调“任何时候，我们总是要在生产条件的所有者同直接生产者的直接关系——这种关系的形式必然总是同劳动方式和劳动社会生产力的一定的发展阶段相适应——当中，为整个社会结构……发现最隐蔽的秘密，发现隐藏着的基础”。从这一观点可以看出，生产关系是理解社会结构的关键密码。不同的生产关系模式反映出不同的社会形态和经济发展阶段。在资本主义社会，生产资料私有制决定了资本家与工人之间的雇佣关系，这种关系导致了剥削的产生，也引发了一系列社会矛盾。而在社会主义社会，生产资料公有制为基础的生产关系，追求的是全体人民的共同利益，致力于实现社会公平

与和谐发展。

基于马克思的理论，新型生产关系的构建必须紧密结合新质生产力所依赖的直接生产过程。这是因为新质生产力代表着生产力发展的新趋势和新方向，只有从这个源头出发，才能构建出与之相适应的新型生产关系，从而推动经济社会的持续进步。

二、新质生产力的内涵与特征

新质生产力是在新时代背景下，融合了新技术与新组织形式的生产力形态，它与传统生产力有着显著的区别。当前我国传统生产力发展主要依赖标准化大规模生产方式，这种生产方式依赖大量工人配合大型专用机器进行重复操作，在一定时期内确实发挥了重要作用，能在短时间内生产大量标准化产品，满足了大规模的市场需求，推动了经济的快速增长。然而，这种生产方式也存在着明显的局限性。产品技术含量和附加值较低，在全球产业链中往往处于中低端位置，利润空间有限。而且，高度依赖波动的全球市场需求，一旦国际市场出现波动，如贸易摩擦、经济危机等，生产企业就会面临订单减少、产能过剩等问题，经济发展的稳定性受到严重影响。

发展新质生产力迫在眉睫，这需要推动一系列技术与组织变革。在技术层面，广泛应用数控机床、工业机器人、物联网平台等新型生产资料，能够极大地提高生产的精度和效率。数控机床可以实现复杂零部件的高精度加工，工业机器人能够不知疲倦地完成高强度、重复性的工作，物联网平台则实现了生产设备之间的互联互通，提高了生产的协同性。同时，大力推动人工智能、云计算、大数据等关键技术的研发与扩散。人工智能可以通过数据分析和算法来优化生产流程，实现生产过程的智能化控制；云计算为数据存储和处理提供了强大的支持，降低了企业的技术成本；大数据则帮助企业更好地了解市场需求和消费者偏好，为精准生产和个性化定制提供依据。

在组织层面，企业借助新技术实现平台化、扁平化的组织架构。传统的金字塔式组织架构层级繁多，信息传递效率低，决策速度慢，难以适应快速变化的市场环境。而平台化、扁平化的组织架构打破了层级限制，信息能够快速传递，决策更加灵活高效。企业之间在商品交易和资源共享中协同运作，形成了一种全新的产业生态系统。核心创新企业凭借其强大的研发能力和创新精神，引领产业发展方向；“专精特新”企业专注于细分领域，以独特的技术和产品在市场中占据一席之地；大规模生产企业则发挥其规模优势，保障产品的大规模供应。它们共同形成网络化、智能化的数字化产业生态系统，能够快速响应个性化、多样化、不断升级的消费需求。

三、新型生产关系“新”的具体体现

◆ 组织关系的创新

新型生产关系下的组织关系呈现出网络化、协同化的特点。在数字化产业生态系统中，企业不再是孤立的个体，而是通过各种合作方式紧密相连。它们在研发、生产、销售等环节实现资源共享、优势互补。例如，一家核心创新企业研发出了一项新技术，它可以迅速与相关的“专精特新”企业和大规模生产企业合作，将新技术转化为产品推向市场。这种合作模式不仅提高了创新的效率，也降低了创新的风险。同时，企业内部的组织架构也发生了深刻变革，从传统的层级式管理转变为以项目为导向的团队协作模式。员工不再局限于固定的岗位和职责，而是根据项目的需求灵活组合，充分发挥各自的优势，提高了企业的创新能力和应变能力。

◆ 要素配置的创新

在新型生产关系中，要素配置更加注重效率和创新。传统的要素配置主要依赖行政指令或市场的自发调节，存在着信息不对称、资源浪费等问题。而新型生产关系则借助大数据、人工智能等技术，实现了要素的精准配置。企业可以通过对市场数据的分析，准确了解市场需求和资源的供需情况，从而合理安排生产要素的投入。例如，在原材料采购方面，企业可以根据市场价格波动和自身生产需求，通过智能化的供应链管理系统，实现原材料的精准采购，降低库存成本，提高资金使用效率。数据作为一种新型生产要素，在新型生产关系中发挥着重要作用。企业通过对海量数据的挖掘和分析，能够发现新的市场机会，优化产品设计和生产流程，实现创新发展。

◆ 人才培养的创新

新质生产力的发展对人才提出了更高的要求，需要具备跨学科知识和创新能力的复合型人才。新型生产关系下的人才培养模式也发生了相应的变革。教育机构与企业之间加强了合作，通过产教融合的方式，培养符合市场需求的人才。学校根据企业的实际需求设置课程，企业为学生提供实习和实践机会，让学生在实践中掌握专业技能。各类教学和实践机构应注重培养学生的创新思维和实践能力，鼓励学生参与科研项目和创新创业活动。通过举办各类创新创业大赛，激发学生的创新热情，培养学生的团队协作能力和解决实际问题的能力。

◆ 就业形态的创新

随着新质生产力的发展和新型生产关系的构建，就业形态也呈现出多样化的趋势。除了传统的全职就业外，灵活就业、兼职就业、远程就业等新型就业形态不断涌现。平台经济的发展为灵活就业提供了广阔的空间，许多人通过互联网平台从事网约车司机、外卖配送员、网络主播等工作。这些新型就业形态为劳动者提供了更多的选择，满足了不同人群的就业需求。同时，也对劳动保障和就业服务提出了新的挑战。

◆ 社会保障的创新

为了适应新型就业形态的发展，社会保障体系也需要进行创新。传统的社会保障制度主要针对传统就业形态设计，难以覆盖新型就业人群。因此，需要建立更加灵活、包容的社会保障制度，将新型就业人群纳入保障范围。探索建立适应灵活就业人员的社会保险制度，如允许灵活就业人员以个人身份参加社会保险，降低参保门槛，提高参保的便利性。加强对新型就业人群的劳动权益保护，明确平台企业与劳动者之间的权利义务关系，规范平台企业的用工行为，保障劳动者的合法权益（图 1–6）。

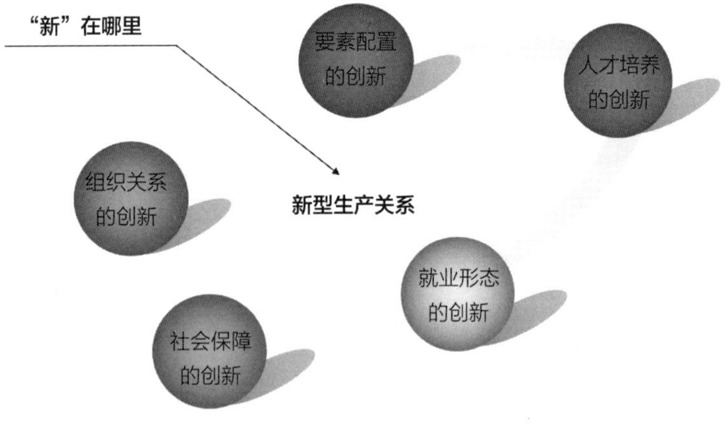

图 1–6　新型生产关系的五个“新”

四、新型生产关系的意义与价值

新型生产关系的构建不仅是对马克思主义政治经济学理论的继承和发展，也是中国特色社会主义实践的重要组成部分。它在坚持社会主义基本经济制度的基础上，勇于创新，积极应对新技术革命带来的挑战和机遇，推动了生产关系与生产力的协调发展。

从经济发展的角度来看，新型生产关系能够激发市场活力，提高经济发展的质量和效益。通过优化组织关系和要素配置，提高了生产效率和资源利用效率，降低了生产成本。创新的人才培养模式和就业形态，为经济发展提供了充足的人力资源和创新动力。新型生产关系有助于推动产业升级和经济结构调整，提高我国在全球产业链中的地位。

在社会层面，新型生产关系促进了社会公平与和谐。更加公平合理的要素配置和分配机制，缩小了收入差距，提高了劳动者的总体收入水平。完善的社会保障体系，保障了劳动者的基本权益，增强了社会的稳定性。新型生产关系也为人们提供了更多的发展机会和选择，促进了人的全面发展。

从国家战略层面来看，新型生产关系的构建为全面建成社会主义现代化强国提供了重要支撑。它推动了科技创新和经济高质量发展，提高了国家的综合实力和国际竞争力。新型生产关系的发展也有助于实现国家的可持续发展目标，促进经济、社会、环境的协调发展。

新型生产关系的“新”体现在多个方面，它是适应新质生产力发展的必然要求，也是推动经济社会发展的重要力量。在新时代背景下，我们要深入研究和探索新型生产关系的发展规律，不断完善和优化新型生产关系，为实现中华民族伟大复兴的中国梦奠定坚实的基础。

第四节
区块链技术是如何改变生产关系的

在科技飞速发展的当下，人工智能与区块链正以前所未有的力量，重塑着我们的生产与生活方式。人工智能，宛如一位不知疲倦的智慧助手，为生产力的提升开辟了新的路径；而区块链技术，则似一场公平与透明的革命，致力于解决生产关系中的诸多难题。这两项技术的兴起，不仅改变了我们与世界互动的方式，更在深层次上推动着社会经济结构的变革。让我们一同深入探索，它们是如何在互联网时代的演进中，改写生产力与生产关系的历史。

一、人工智能：新质生产力的引擎

在当今快节奏的信息时代，时间成了最为稀缺的资源，而生产力的提升则是在有限时间内创造更多价值的关键。人工智能，作为一项具有划时代意义的技术，正以其强大的运算能力和智能算法，为我们解决生产力问题提供了全新的思路和方法。

想象一下，一位忙碌的文案工作者，面对着堆积如山的写作任务，却灵感枯竭，不知从何下笔。在以往，这可能意味着漫长的思考与煎熬，效率低下且成果难料。但如今，有了人工智能的助力，一切都变得截然不同。只需向人工智能输入相关主题和要求，短短几分钟，一份逻辑清晰、内容丰富的提纲和内容摘要便会呈现在眼前。这不仅极大地节省了思考的时间，还为后续的创作提供了坚实的框架和方向，让文案工作者能够更加高效地完成任务，生产力得到了显著提升。

再以短视频创作者为例，在这个全民短视频的时代，如何创作出吸引人的短视频脚本成了许多创作者的难题。传统的创作方式可能需要创作者花费大量时间去构思、策划，甚至还需要不断尝试和摸索。而现在，借助人工智能的强大功能，创作者只需简单描述自己的创意和需求，人工智能便能迅速生成一段精彩的短视频脚本，涵盖拍摄场景、镜头运用、台词对白等各个方面。原本令人头疼的创作难题，瞬间迎刃而解。有了脚本的指导，创作者能够更加明确拍摄方向，提高拍摄效率，从而快速产出高质量的短视频作品。人工智能就像是一位随时待命的创意伙伴，为创作者提供源源不断的灵感和支持，让短视频创作变得更加轻松、高效。

人工智能在生产力提升方面的应用远不止于此（图 1–7）。在制造业领域，人工智能与自动化技术的深度融合，实现了生产过程的智能化、自动化控制。智能机器人能够精准地执行复杂的生产任务，不仅大幅提高了生产效率和产品质量，还显著降低了生产成本和资源消耗。在医疗领域，人工智能可以通过对大量医疗数据的分析，辅助医生进行疾病诊断，提高诊断的准确性和效率，为患者争取更多的治疗时间。在金融领域，人工智能可以实现风险评估、投资决策等工作的自动化，提高金融机构的运营效率和风险管理能力。

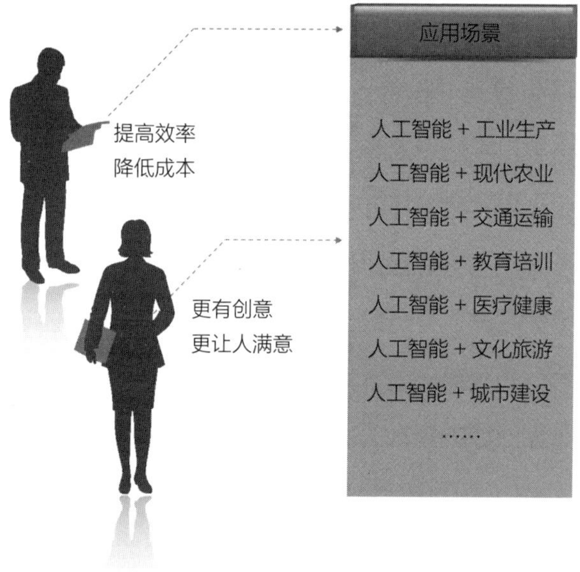

图 1–7　人工智能：新质生产力的引擎

人工智能之所以能够如此有效地提升生产力，关键在于其强大的学习能力和数据处理能力。它可以通过对海量数据的学习和分析，快速掌握各种知识和技能，从而为人类提供精准的决策支持和高效的服务。而且，人工智能不受时间和空间的限制，能够 24 小时不间断地工作，大大提高了工作效率。随着人工智能技术的不断发展和完善，它将在更多领域发挥重要作用，为生产力的提升注入源源不断的动力。

二、区块链技术：重塑生产关系的纽带

区块链技术是一种分布式账本技术，其核心思想是通过去中心化的方式，将数据存储在多个节点上，确保数据的透明性、不可篡改性和安全性。区块链的基本概念包括区块、链、节点和共识机制。区块是存储数据的基本单位，每个区块包含一定数量的交易记录，并通过密码学方法与前一个区块链接起来，形成一条链。节点是网络中的参与者，每个节点都保存着完整的区块链副本，并通过共识机制达成一致，确保数据的一致性和可靠性。

区块链技术的主要特性包括去中心化、透明性、不可篡改性和智能合约。去中心化是区块链技术的核心特性之一，它消除了传统中心化机构的中介角色，使得数据存储和交易可以在多个节点之间直接进行，从而提高了系统的安全性和抗攻击

能力。透明性是指区块链上的所有交易记录都是公开可查的，任何人都可以查看和验证交易的真实性，这有助于增强信任和减少欺诈行为。不可篡改性是指一旦数据被写入区块链，就无法被篡改或删除，这确保了数据的真实性和完整性。智能合约是区块链技术的另一重要特性，它是一种自动执行的合约，能够在满足预设条件时自动执行相应的操作，从而提高了交易的效率和可靠性。

区块链技术的工作原理可以简单描述为以下几个步骤。首先，当一笔交易发生时，交易信息会被广播到网络中的所有节点。其次，节点通过共识机制对交易进行验证，并将验证通过的交易打包成一个新的区块。再次，新的区块通过密码学方法与前一个区块链接起来，形成一条链。最后，新的区块被添加到区块链中，所有节点都会更新自己的区块链副本。通过这种方式，区块链技术确保了数据的一致性和可靠性，实现了去中心化的数据存储和交易。

（一）区块链的发展与演变

区块链的发展与演变是一个不断发展和进步的过程，其历史可以追溯到比特币的诞生（图 1-8）。以下是区块链的发展与演变的几个重要阶段。

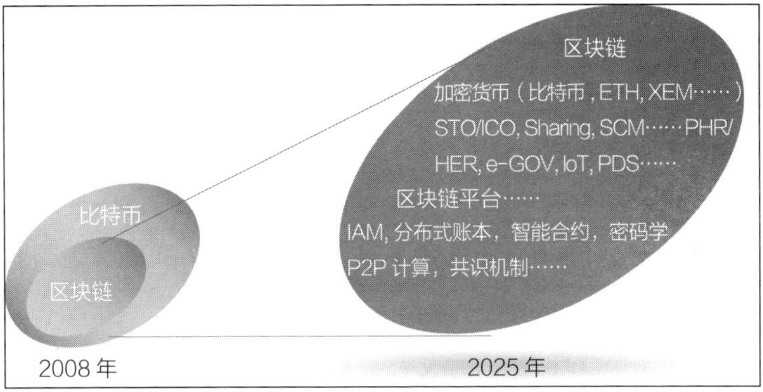

图 1-8 区块链的发展与演变

◆ 起源与比特币（2008—2010 年）

* 2008 年，一个署名为“中本聪”的匿名者发表了一篇关于比特币的白皮书，提出了一个基于区块链技术的数字货币系统。

* 2009 年，比特币创世区块诞生，标志着区块链技术的初次应用。

* 2010 年开始，人们开始创建自己的比特币客户端，并且开始在特定的社区中使用比特币。

◆ 区块链技术的发展与改进（2010—2013 年）

* 随着比特币的普及，人们开始探索区块链技术的应用范围，并开发了各种基于区块链技术的应用和项目。

* 区块链技术得到了进一步的改进和完善，包括提高交易速度、扩容、安全性等。

* 各种加密货币和数字资产开始涌现，如以太坊、瑞波币等。

◆ 去中心化应用的发展（2014 年至今）

* 随着区块链技术的成熟，去中心化应用开始蓬勃发展。

* 去中心化应用基于区块链技术，无须中心化的机构或平台支持，能够自我运行和扩展。

* 去中心化应用涉及各种领域，包括金融、供应链、社交、游戏等。

* 智能合约和去中心化身份验证等技术的应用，进一步提高了区块链的安全性和可扩展性。

区块链技术的发展和演变是一个不断探索和创新的过程，目前的区块链技术主要具有以下几项特征。

* 去中心化：区块链技术采用去中心化的设计，能够避免中心化数据管理中可能出现的问题，如单点故障、中心化攻击等。同时，区块链技术能够实现数据的分布式存储和管理，提高数据的安全性和可靠性。

* 数据不可篡改：区块链技术采用加密算法和共识机制，能够保证数据一旦被记录到区块链上，就无法被篡改。这使得技术成为存储和管理重要数据的一种可靠方式，应用场景例如金融交易、医疗记录等。

* 透明可追溯：区块链技术能够记录数据的创建、修改、访问等操作，使得数据的使用和流通过程变得透明和可追溯。

这有助于增强数据使用的可控性和可信度，应用场景例如数据共享、交换等。

* 数据隐私保护：区块链技术可以通过智能合约等手段，实现数据的隐私保护和授权管理。例如，在医疗领域中，患者可以通过智能合约控制自己的医疗数据的使用和流通，避免数据泄露和不当使用。

* 扩容性：目前的区块链技术采用的是区块结构，每个区块包含了交易信息和其他数据。随着区块链技术的广泛应用，交易数量和规模不断扩大，扩容问题成为亟待解决的重要问题。目前，一些技术如侧链、跨链技术等正在尝试解决扩容问题，以提高区块链的效率和可扩容性。

* 可编程性：目前，区块链技术主要是一种“命令式”的技术，用户需要按照特定的规则进行操作。为了提高区块链的可编程性，一些技术如智能合约、去中心化预言机等正在不断发展和完善。

* 安全性：随着区块链技术的广泛应用，安全问题也日益突出。为了提高区块链的安全性，人们不断探索新的加密算法、去中心化架构、身份验证技术等。

基于以上特征，随着技术的不断发展和进步，我们相信区块链将会在更多的领域得到应用，并发挥更加重要的作用。

（二）区块链的未来趋势

区块链作为一种分布式账本技术，已经在金融、供应链管理、物联网、医疗保健等多个领域得到应用（图 1–9）。未来，区块链将具有更广泛的应用，公链与私链深度融合，共识算法与性能大幅提升，隐私保护与身份验证不断加强，实现与其他技术的融合，以及跨链互操作性。这些趋势将推动区块链技术的进一步发展和应用，为社会、经济和技术领域带来更多创新和机遇。

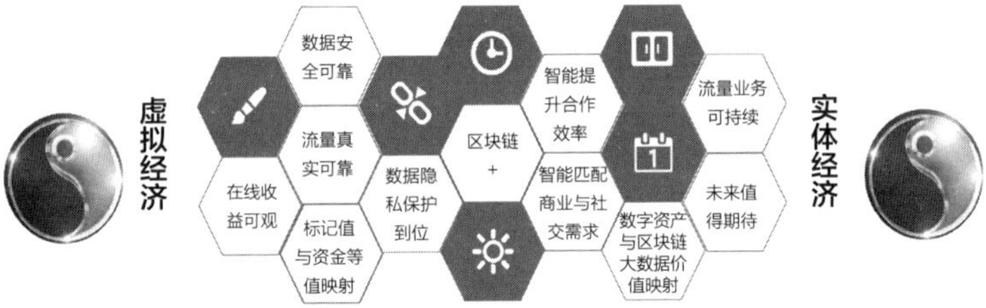

图 1–9　区块链的广泛应用

◆ 企业级区块链的广泛应用

目前，许多组织和企业开始关注和应用区块链技术，但由于技术复杂性和性能限制，尤其是扩容性和隐私保护方面的挑战，广泛应用还存在一些障碍。然而，随着技术的不断发展和成熟，未来将会看到更多企业级区块链解决方案的出现，以满足不同行业的需求，并实现企业间的高效合作和跨组织的数据共享。

◆ 公链与私链的融合

公链主要指开放的区块链网络，任何人都可以参与和验证区块链上的交易。私链主要由特定的组织或企业控制和管理，用于内部业务流程的优化和数据共享。未来，公链和私链将趋于融合，采用混合链的模式。这样可以在满足隐私和安全需求的同时，也能保持去中心化和透明性的特点。

◆ 更高级的共识算法与性能提升

目前，大多数公共区块链网络使用的共识算法是以比特币的工作量证明（PoW）为基础的。然而，这种算法存在着能源浪费和性能低下的问题。未来，随着对共识算法的持续研究和创新，将会出现更高效、更节能和更安全的共识算法，如权益证明（PoS）、权威证明（PoA）和拜占庭容错（BFT）等，以满足不同应用场景的需求。

◆ 隐私保护和身份验证的进一步加强

隐私保护一直是区块链技术面临的挑战之一。为了满足企业和用户对数据隐私的保护需求，未来会出现更多隐私保护的区块链解决方案，如可验证的匿名性、零知识证明和同态加密等技术的应用。此外，身份验证机制也将变得更加安全和可靠，以消除匿名交易的滥用和减少欺诈活动。

◆ 与其他技术的融合

区块链作为一种底层技术，将与其他前沿技术相结合，如人工智能、物联网、大数据和云计算等。通过与这些技术的融合，可以更好地实现智能合约、自动化合作、数据共享和治理等目标，进一步拓展区块链的应用场景和发展方向。

◆ 跨链互操作性的实现

未来，不同的区块链网络将实现更好的互操作性，实现跨链交易和跨链资产转移。这将促进不同区块链社区之间的合作与共享，推动整个区块链生态系统的快速发展和协同发展。

（三）区块链 + 数据要素

用好区块链技术，能够优化流通，增强数据要素利用的可信、可控、可计量能力，促进数据要素合规高效流通使用。区块链技术在数据流通中的应用，有助于实现数据的分布式存储和管理，增强数据的安全性和可靠性；实现数据的透明可追溯，增强数据使用在可控性和可信度；实现数据的隐私保护和授权管理，保护数据在使用和流通过程中的隐私和安全；实现数据的自动化管理，提高数据流通的效率和合规性；实现数据的自动计量和结算，减少数据使用中的纠纷和争议。因此，区块链技术在数据流通中的应用具有重要的意义，有助于推动数据管理和使用的现代化，实现数据的价值最大化。

区块链技术可以在数据要素的应用过程中发挥很多作用，如数据隐私保护、数据共享和交换、数据管理和治理、智能合约的应用，以及数据的可信度和真实性等。这些作用可以提高数据要素应用的安全性、效率和质量，同时也可以促进数据要素的应用和发展。以下是几个主要的应用场景。

◆ 数据隐私保护

在数据要素应用过程中，保护个人隐私和数据安全至关重要。区块链技术具有去中心化和不可篡改的特点，可以确保数据的安全性和隐私性。通过将敏感数据存储在区块链上，可防止数据被篡改和滥用，同时也可以确保数据的完整性和准确性。

◆ 数据共享和交换

数据要素的价值在于共享和交换。然而，数据共享和交换也存在着数据安全和隐私保护的问题。通过区块链技术，可以实现数据的安全共享和交换，同时也可以确保数据的隐私性和完整性。例如，在医疗领域，通过区块链技术可以实现患者数据的隐私保护和医疗数据的共享。

◆ 数据管理和治理

数据要素的管理和治理是一个过程，需要对数据进行分类、存储、处理和分析等。通过区块链技术，可以实现数据的全生命周期管理，同时也可以确保数据的准确性。例如，在供应链管理领域，通过区块链技术可以实现对产品生产、流通和销售等环节的全程跟踪和管理，提高供应链管理的效率和质量。

◆ 智能合约的应用

智能合约是区块链技术的重要组成部分，可以在数据要素的应用过程中发挥重要作用。通过智能合约，可以实现对数据的自动管理和处理，同时也可以实现对数据的安全共享和交换。例如，在金融领域，通过智能合约可以实现对金融交易的安全管理和自动执行，提高金融交易的安全性和效率。

◆ 数据的可信度和真实性

在数据要素的应用过程中，数据的准确性和可信度至关重要。通过区块链技术，可以确保数据的真实性和可信度。例如，在电子商务领域，通过区块链技术可以实现对商品信息的全程跟踪和管理，提高商品信息的可信度和真实性。

◆ 促进数据合规高效流通使用

区块链技术能够实现数据的自动化管理，减少人工干预，提高数据流通和合规性。同时，利用本书作者李立中发明的基于区块链技术的 AOM 权识专利技术，能够实现数据的自动计量和结算，减少数据使用中的纠纷和争议（图 1-10）。

区块链 AOM 权识专利技术

专利号：201810475808.3——基于区块链的确权方法及装置

本发明实施例涉及一种基于区块链的确权方法及装置。该方法包括：接收指定物品的使用请求，所述使用请求包括用户标识，以及使用期限，所述指定物品对应有使用权统计周期，所述使用期限包含于一个或多个周期内；根据所述用户标识在所述区块链中确定所述一个或多个周期内用户拥有的使用权配额，并分别确定所述一个或多个周期内用户拥有的使用权配额是否足够，其中，用户在一个周期内拥有的使用权配额根据用户拥有所述指定物品的所有权比例确定；当足够时，通过所述区块链将所述使用期限对应的所述指定物品的使用权分配给所述用户。以实现用户有权利和义务来监督和保护该共享物品的使用，以及在该物品出现损坏等问题时，更好地追责。

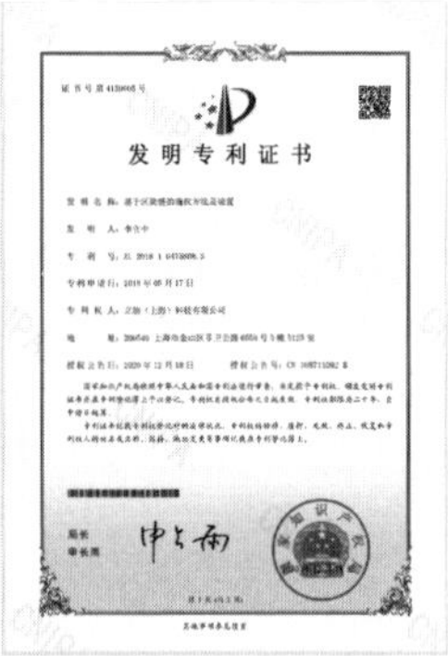

图 1-10　区块链 AOM 权识专利技术

AOM（Asset Ownership Mark，资产属权标识）：简称权识，其实质就是物权的权属标识，物权涵盖实物资产和无形资产，现实空间的商品都是实物资产，商标、专利和数据权等属于无形资产，这些资产严格符合物权法，通过指示交付有效流转，真正地通过技术让特殊资产高效率、低成本赋能实体经济，这种模式是在法律规定允许的框架下进行技术创新，金融科技必须要依托法律法规通过新技术、新模式为社会创造价值（图 1-11）。

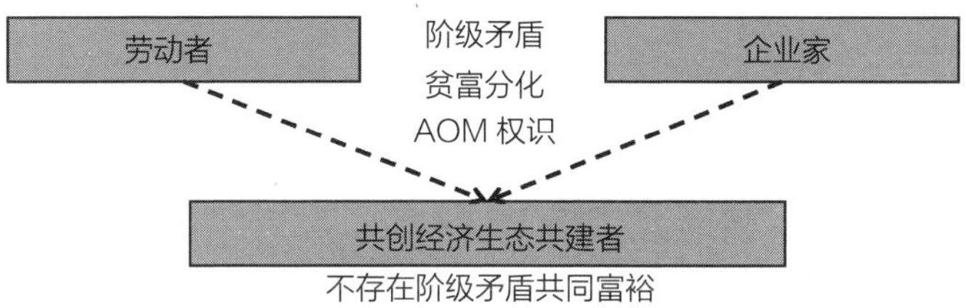

图 1-11　区块链合约的物权或无形资产所有权标识

（四）区块链塑造新型生产关系

在探讨区块链技术如何解决生产关系问题之前，我们有必要先回顾一下互联网的发展历程。从早期的 Web1.0 到如今的 Web2.0，再到备受期待的 Web3.0，每一个阶段都有着独有的特征和深远的影响，它们共同构成了互联网发展的壮丽画卷（图 1-12）。

◆ Web1.0：互联网的“读书时代”

回溯到互联网发展的初期，Web1.0 时代的互联网宛如一

图 1-12　Web3.0 的发展历程

座庞大的数字图书馆。在这个时代，互联网主要承担着信息提供的角色，用户就像图书馆中的读者，只能被动地浏览和获取信息。网站大多是静态的，内容由网站管理员精心编辑和发布，就像印好的书页，一旦确定便难以更改。用户无法在网页上留言、评论或发表自己的观点，他们只是单纯的信息接收者，而非创作者。

在 Web1.0 时代，信息的传播是单向的，从网站管理员到用户，缺乏互动性。网站的设计也相对简单，功能有限，主要以展示文字和图片为主。虽然这个时代的互联网互动性不足，但它为我们打开了通往数字世界的大门，让人们第一次感受到了信息传播的便捷性和广泛性。通过 Web1.0，人们可以轻松获取来自世界各地的知识和资讯，拓宽了视野，丰富了认知。它就像互联网发展的基石，为后续的发展奠定了基础。

◆ Web2.0：互联网的“交流时代”

随着时间的推移，互联网迎来了Web2.0时代，这是一个充满活力和变革的时代，互联网从一座“图书馆”转变为一个热闹的“大社区”。在这个时代，用户不再满足于单纯的信息接收，而是渴望表达自己，与他人交流互动。Web2.0的出现，让这一切成了可能。

社交媒体、博客、视频分享网站等新兴应用如雨后春笋般涌现，成为人们交流和分享的重要平台。用户不仅可以阅读信息，还能轻松地发布自己的想法、分享自己的故事，与全球各地的人们进行互动。在博客上，用户可以发表长篇大论，阐述自己的观点和见解；在社交媒体上，用户可以通过点赞、评论、转发等方式，与朋友和陌生人进行互动交流；在视频分享网站上，用户可以上传自己创作的视频，展示自己的才华和创意。

Web2.0的关键词是“互动”和“分享”，用户从信息的被动接收者变成了内容的积极创造者。信息的流动更加自由和快速，网络世界变得丰富多彩。然而，Web2.0时代也并非完美无缺。虽然人人都有了创作和分享的权利，但内容的控制权却往往掌握在少数几个大平台手中。这些大平台凭借其庞大的用户基础和强大的技术实力，对用户的内容进行审核、推荐和分发，决定了用户内容的曝光度和影响力。

这种权利和收益的不平等，引发了人们对隐私、数据所有权和收益分配的担忧。在Web2.0时代，用户虽然是内容的创作者，但却不是内容的真正所有者。他们的个人数据被平台收集和利用，而用户却往往无法从中获得应有的收益。平台通过广告等方式获取了巨额利润，而创作者却只能得到微薄的分成，甚至可能面临账号被封、内容被删除等风险。这就好比用户在为平台打工，虽然付出了辛勤的劳动，但大部分收益却被平台拿走。

◆ Web3.0：互联网的“参与时代”

面对 Web2.0 时代的种种问题，Web3.0 应运而生，它承载着人们对更加公平、透明互联网世界的期待。在 Web3.0 的世界里，用户不再是被动的参与者，而是成了网络世界的共同建设者和拥有者。

Web3.0 的核心特征之一是去中心化。在传统的 Web2.0 模式下，数据和内容集中存储在少数中心服务器上，这不仅存在数据安全风险，还容易受到中心化机构的控制和审查。而在 Web3.0 时代，数据和内容被分布存储在全球范围内的众多节点上，形成了一个去中心化的网络结构。这种去中心化的存储方式，使得信息更加安全，难以被篡改或删除。同时，由于没有单一的中心节点，网络的稳定性和可靠性也得到了极大提升，不会因为某个中心的故障而导致整个网络瘫痪。

用户掌握数据的所有权是 Web3.0 的另一个重要特征。在 Web3.0 时代，用户对自己的数据拥有完全的控制权。他们可以自主决定谁可以访问自己的数据，谁可以使用自己的数据，以及如何使用自己的数据。例如，一位音乐创作者在 Web3.0

平台上发布自己的作品，那么这首歌的所有权和版权都归创作者所有，而不是像在 Web2.0 时代那样，被平台或经纪公司所掌控。更重要的是，用户可以直接从自己的数据和创作中获得收益。通过智能合约技术，创作者可以设定自己的作品使用规则，如“如果有人想使用我的歌曲，需要支付 100 元”。一旦有人使用了这首歌曲，智能合约就会自动执行，创作者就能直接收到相应的报酬，无须经过中间平台的抽成。

智能合约是 Web3.0 时代的一项关键技术，它为 Web3.0 的运行提供了重要的保障。智能合约本质上是一种自动执行的合同，它将合同的条款和条件以代码的形式写入区块链中。当预设的条件被满足时，智能合约就会自动执行，无须第三方的介入。智能合约的出现，使得交易和协议的执行更加安全、可靠、高效。在 Web3.0 时代，创作者可以通过智能合约与消费者直接进行交易，无须依赖平台作为中介，从而确保了收益的最大化和权益的保护。例如，在数字艺术品市场，艺术家可以通过智能合约将自己的作品直接出售给收藏家，收藏家可以获得作品的数字所有权证书，而艺术家则可以直接收到款项，整个过程透明、安全、高效。

通过对互联网时代演进的回顾，我们可以清晰地看到，区块链技术在 Web3.0 时代扮演着至关重要的角色，它为解决生产关系问题提供了全新的解决方案。

（五）打破权力集中，实现公平参与

在 Web2.0 时代，少数大平台掌握着内容的控制权和收益分配权，用户的权益难以得到保障。而区块链技术的去中心化特性，打破了这种权力集中的局面。在 Web3.0 的去中心化网络中，没有中心化的控制机构，每个用户都可以平等地参与网络的运作和管理。用户不再需要依赖平台来发布和传播自己的内容，而是可以直接与其他用户进行交互。这使得内容的创作和传播更加公平、自由，每个人都有机会展示自己的才华和创意，影响网络世界的发展。

（六）保障数据所有权，实现收益公平分配

区块链技术赋予了用户对自己数据的所有权和控制权，这是对生产关系的一次重大变革。在 Web3.0 时代，用户的数据被加密存储在区块链上，只有用户自己拥有私钥才能访问和使用这些数据。这意味着用户的数据不再被平台随意收集和利用，用户的隐私得到了更好的保护。同时，用户可以通过智能合约，将自己的数据和创作转化为具有经济价值的资产，直接从自己的劳动成果中获得收益。例如，一位自媒体创作者可以将自己的文章发布在 Web3.0 平台上，并通过智能合约设定阅读付费规则。当其他用户阅读他的文章时，创作者就能直接收到相应的费用，无须经过平台的分成。这种收益分配模式，使

得创作者能够获得自己应得的报酬，激发了他们的创作积极性和创造力。

（七）促进信任构建，降低交易成本

在传统的互联网模式下，用户与平台之间、用户与用户之间的信任往往依赖于第三方机构的背书和担保。而区块链技术的出现，为信任的构建提供了新的方式。区块链的分布式账本和加密算法，使得数据的记录和传输具有高度的透明性和不可篡改性。在 Web3.0 时代，用户可以通过区块链技术，直接与其他用户进行交易和合作，无须担心对方的信用问题。例如，在电商领域，消费者可以通过区块链技术，查看商品的生产、运输、销售等全过程信息，判断商品的质量和真实性。同时，智能合约的自动执行，也避免了交易过程中的纠纷和违约风险，降低了交易成本。

（八）生产关系优化对生产力的反哺

区块链技术对生产关系的优化，不仅解决了 Web2.0 时代存在的诸多问题，还对生产力的发展产生了积极的反哺作用（图 1–13）。

当用户能够真正掌控自己的数据和创作成果，并从中获得合理的收益时，他们的创作动力和积极性将得到极大的激发。在 Web3.0 时代，创作者不再需要担心自己的作品被平台滥用或

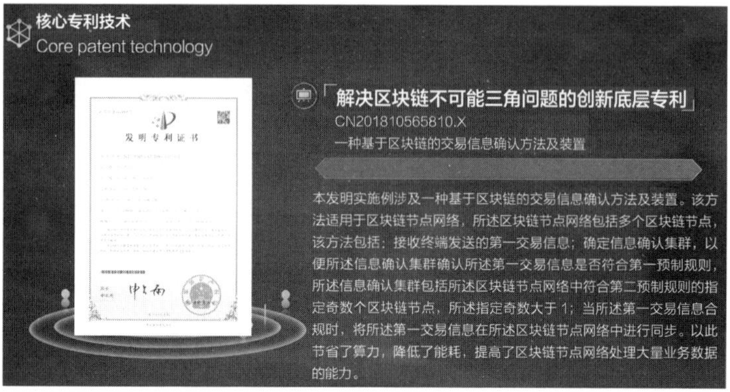

图 1-13　通过区块链技术解决不可能三角问题

注：本书作者李立中院士的区块链专利。

抄袭，也不再需要为了获得曝光和收益而迎合平台的规则。他们可以更加自由地发挥自己的创造力，专注于创作高质量的内容。这种创作环境的改善，将促进创新的不断涌现，推动文化、艺术、科技等领域的发展，进而提升整个社会的生产力水平。

同时，区块链技术的应用还可以促进资源的优化配置。在去中心化的网络中，信息更加透明，资源的供需双方可以直接进行对接，减少了中间环节的损耗和成本。例如，在人才市场，求职者和用人单位可以通过区块链技术，直接进行信息匹配和沟通，提高了招聘和求职的效率。在供应链领域，企业可以通过区块链技术，实时跟踪和管理物资的流动，优化供应链的运作，降低成本，提高生产效率。

三、未来展望：人工智能与区块链的协同发展

人工智能和区块链技术作为当今科技领域的两大重要力量，它们的发展和应用将深刻改变我们的未来。在未来，人工智能和区块链技术有望实现更加紧密的协同发展，共同推动生产力和生产关系的变革。

人工智能可以为区块链技术提供强大的数据分析和处理能力。在区块链网络中，随着数据量的不断增加，对数据的分析和处理变得越来越重要。人工智能可以通过对区块链上的数据进行挖掘和分析，发现其中的规律和价值，为区块链的应用和发展提供支持。例如，人工智能可以帮助区块链实现智能合约的自动审计和风险评估，提高智能合约的安全性和可靠性。

区块链技术则可以为人工智能提供更加安全、可信的数据环境。在人工智能的发展过程中，数据的安全性和隐私保护一直是一个重要的问题。区块链的去中心化、加密存储等特性，可以确保人工智能所使用的数据不被篡改和泄露，保护用户的隐私和数据安全。同时，区块链技术还可以实现数据的共享和交易，为人工智能的发展提供更加丰富的数据资源。

在未来的数字经济时代，人工智能和区块链技术的协同发展将催生出更多创新的应用和商业模式。例如，在智能制造领域，人工智能可以实现生产过程的智能化控制，而区块链技术可以实现生产数据的安全共享和供应链的透明管理，两者

的结合将推动智能制造的发展，提高制造业的生产效率和质量。在金融领域，人工智能可以实现风险评估和投资决策的智能化，而区块链技术可以实现金融交易的安全、透明和去中心化，两者的结合将为金融行业带来新的变革和发展机遇。

人工智能与区块链技术的出现，为我们解决生产力和生产关系问题提供了前所未有的机遇。人工智能提升了生产力，让我们能够更高效地创造价值；区块链技术则优化了生产关系，保障了公平、透明和权益。随着这两项技术的不断发展和融合，我们有理由相信，它们将共同推动社会经济的发展，创造一个更加美好的未来。

第二章
突破资源分配方式

在传统的生产关系中，资源分配方式存在着诸多弊端，严重制约了生产力的进一步发展。

◆ 资源分配的不均衡性

传统资源分配往往向大型企业、发达地区倾斜，导致中小企业和欠发达地区资源匮乏。在资金分配上，大型企业凭借其雄厚的实力和良好的信用，更容易获得银行贷款和资本市场的青睐，而中小企业则面临着融资难、融资贵的困境。在技术资源方面，发达地区集中了大量的科研机构和高端人才，能够优先获取先进的技术成果，而欠发达地区则因缺乏技术创新能力和资源，在产业发展上远远落后。这种资源分配的不均衡，不仅加剧了区域发展的不平衡，也限制了整体经济的增长潜力。

◆ 资源配置的低效率

传统的资源分配方式往往依赖于行政指令或市场的自发调节，缺乏科学的规划和精准的匹配。在一些行业中，由于信息不对称和市场失灵，资源过度集中在某些领域，导致产能过剩，而另一些领域则资源短缺，无法满足市场需求。例如，在传统的制造业中，由于对市场需求的预测不准确，一些企业盲目扩大生产规模，造成了产品积压和资源浪费。同时，传统的资源分配方式在资源的流转和利用过程中，存在着诸多中间环节和交易成本，进一步降低了资源的配置效率。

◆ 对创新的抑制作用

传统资源分配方式注重短期利益和既有利益格局的维护，对创新的支持力度不足。因为创新往往需要大量的资金、技术和人才投入，且具有较高的风险和不确定性。在传统的资源分配体系下，创新项目很难获得足够的资源支持，尤其是在初期阶段。此外，传统的资源分配方式还容易形成垄断和利益集团，它们为了维护自身的利益，往往会阻碍创新的发展，限制新技术、新商业模式的推广应用。

因此，为了适应新质生产力的发展需求，必须突破传统的资源分配方式，构建新型的生产关系，实现资源的高效配置和合理利用（图 2–1）。

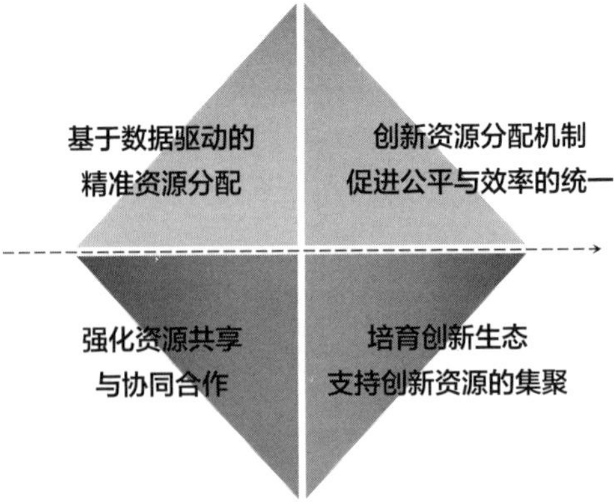

图 2–1　突破传统的资源分配方式

一、基于数据驱动的精准资源分配

在新质生产力时代，数据成了资源分配的重要依据。通过大数据分析技术，能够对市场需求、企业生产能力、资源供给等信息进行全面、准确的收集和分析，从而实现资源的精准配置。政府和企业可以利用大数据平台，实时掌握资源的分布和使用情况，根据实际需求进行资源的调配和分配。例如，在能源领域，通过大数据分析用户的用电习惯和需求，实现电力资源的智能调配，提高能源利用效率。在供应链管理中，利用大数据技术优化物流配送路线，减少运输成本和资源浪费。

二、创新资源分配机制，促进公平与效率的统一

构建多元化的资源分配机制，打破传统的单一分配模式。除了市场机制和政府调控，还应引入社会力量参与资源分配，如引入行业协会、社会组织等。通过建立公平竞争的市场环境，鼓励各类市场主体平等参与资源分配，激发市场活力。同时，政府要加强对资源分配的宏观调控，通过制定科学合理的政策和规划，引导资源向重点领域、关键产业和薄弱环节流动。例如，政府可以通过财政补贴、税收优惠等政策，鼓励企业加大对科技创新、绿色发展等领域的投入，促进产业结构的优化升级。

三、强化资源共享与协同合作

打破资源的部门分割和地域限制，促进资源的共享与协同合作。在企业层面，鼓励企业之间开展资源共享和合作创新，通过共建研发平台、共享生产设备等方式，提高资源的利用效率。在区域层面，加强区域之间的资源整合和协同发展，实现优势互补。例如，一些地区通过建立产业园区，整合区域内的土地、资金、技术等资源，吸引相关企业入驻，形成产业集群效应，提高区域经济的竞争力。此外，还应加强国际间的资源合作与交流，充分利用全球资源，推动经济的国际化发展。

四、培育创新生态，支持创新资源的集聚

加大对创新资源的投入和支持力度，培育良好的创新生态。政府要加大对科研教育的投入，培养高素质的创新人才；鼓励企业增加研发投入，提高自主创新能力。同时，要建立健全知识产权保护制度，为创新成果提供法律保障。通过打造创新孵化平台、创业投资基金等，为创新项目提供资金、技术、人才等全方位的支持，促进创新资源的集聚和创新成果的转化。例如，一些科技园区通过提供优惠政策、完善的基础设施和创新服务，吸引了大量的创新企业和人才入驻，形成了浓厚

的创新氛围和强大的创新动力。

在现实经济生活中，许多企业和地区已经开始积极探索新型生产关系下的资源分配变革，并取得了显著的成效。

例如，科技企业的创新实践。以一些知名的科技企业为例，它们通过建立数字化的资源管理平台，实现了资源的精准分配和高效利用。例如，亚马逊公司利用大数据分析技术，对用户的购买行为和偏好进行分析，精准预测市场需求，从而优化库存管理和物流配送，实现了资源的快速流转和高效配置。同时，亚马逊公司还通过云计算服务，将闲置的计算资源共享给其他企业和开发者，提高了资源的利用效率，降低了企业的运营成本。

再如，区域经济的协同发展的实践。在区域经济发展中，一些地区通过加强资源共享和协同合作，实现了区域经济的协调发展。例如，我国的京津冀协同发展战略，通过打破行政区域界限，加强区域内的交通、能源、产业等资源的整合与协同，实现了资源的优化配置。北京发挥其科技、人才优势，重点发展高端服务业和科技创新产业；天津利用其制造业基础和港口优势，发展先进制造业和现代物流业；河北则承接北京和天津的产业转移，发展特色产业。通过这种协同发展模式，京津冀地区的资源得到了更加合理的利用，区域经济的竞争力得到了显著提升。

展望未来，随着新质生产力的不断发展和新型生产关系的逐步完善，资源分配将更加科学、合理、高效。在数据驱动的精准资源分配模式下，资源能够更加精准地流向最需要的领域和企业，实现资源的优化配置和高效利用。创新资源将得到更加充分的集聚和利用，推动科技创新和产业升级的步伐不断加快。资源共享与协同合作将成为常态，企业之间、区域之间的合作将更加紧密，形成互利共赢的发展格局。

第三章
社会结构深刻变革

在人类社会发展的漫长进程中，生产力与生产关系的相互作用始终是推动历史前进的核心动力。它们宛如交织在一起的命运之线，共同编织出各个时代独特的经济与社会图景。当下，我们正站在时代的转折点上，新质生产力如同一股磅礴的浪潮，以创新为引领，冲破传统经济增长的藩篱，展现出高科技、高效能、高质量的崭新风貌，为经济社会的发展开辟出全新的道路。而与之相适应的新型生产关系，也在社会结构深刻变革的大背景下，逐渐孕育而生，成为推动社会进步的关键力量。

一、生产力与生产关系的辩证交响

在马克思的理论体系里，生产力代表着生产的物质内容，它是人类改造自然、获取物质资料的能力体现，是社会发展的物质根基与原始动力。从远古时期人类使用简单工具进行狩猎采集，到工业革命时期机器大生产的兴起，再到如今数字化、智能化生产的蓬勃发展，生产力的每一次重大飞跃，都如同一场震撼世界的地壳运动，彻底改变了人类社会的面貌与发展轨迹。

生产关系则是生产的社会形式内容，它涵盖了人们在生产过程中所形成的各种社会关系，包括生产资料的所有制形式、人们在生产中的地位和相互关系，以及产品的分配方式等。生产力与生产关系相互依存、相互制约，它们的有机结合与统一构成了“生产方式”这一复杂而关键的系统。

在这一系统中，生产力与生产关系的和谐共生至关重要。当生产关系与生产力发展水平相适应时，它能够为生产力的发展提供广阔的空间和有力的支持，激发人们的生产积极性和创造力，促进经济的繁荣与社会的进步。例如，在资本主义发展的早期阶段，自由竞争的生产关系打破了封建制度的束缚，释放了人们的生产活力，推动了生产力的迅猛发展。然而，当生产关系不再适应生产力的发展时，就会成为生产力前进的绊脚石。随着资本主义的发展，生产的社会化与生产资料的私人占有之间的矛盾日益尖锐，这种生产关系逐渐阻碍了生产力的进一步提升，引发了经济危机、贫富分化等一系列严重的社会问题。

同样，当生产力发生重大变革时，如果生产关系不能及时做出调整，生产方式就会出现紊乱。新的生产技术、生产工具的出现，要求产生与之相匹配的生产组织形式、管理模式和分配制度。如果生产关系依然停留在旧有的框架内，就无法充分发挥新生产力的优势，甚至会导致生产效率低下、资源浪费等问题。

生产力与生产关系之间的内在矛盾不断涌现又不断得到解决，这一永不停歇的过程推动着整个生产方式持续自我更新。这种矛盾运动不仅是经济发展的内在驱动力，更是推动人类历史发展的根本动力。在历史的长河中，正是由于生产力与生产关系的不断变革，人类社会才得以从原始社会一步步发展到奴隶社会、封建社会、资本主义社会，并朝着更加高级的社会形态不断迈进。

在马克思的理论框架中，社会结构由经济基础和上层建筑两大部分构成。经济基础是社会的生产方式，它决定了社会的基本性质和发展方向。而上层建筑则包含了社会中与生产没有直接关联的其他关系和思想，如文化、制度、政治权力结构、社会角色、仪式、宗教、媒体、国家等。经济基础决定上层建筑，它为上层建筑的产生和发展提供了物质前提。例如，资本主义的经济基础决定了其政治制度、法律体系以及文化观念等上层建筑的特征。然而，上层建筑并非完全被动地受制于经济基础，它也具有反作用，能够对经济基础产生促进或阻碍的影响。先进的文化、合理的制度能够为经济基础的发展营造良好的环境，提供有力的支持；而落后的文化、不合理的制度则会对经济基础造成负面影响，阻碍其发展。

二、新质生产力催生的社会变革与新型生产关系构建

在新质生产力蓬勃发展的时代浪潮下，新型生产关系对劳动者队伍提出了前所未有的要求。新一轮科技革命和产业变革如汹涌的海啸，席卷全球，催生了众多交叉前沿领域。这些领域融合了多学科的知识与技术，展现出无限的发展潜力和创新活力。为了在这些新兴领域抢占先机，我们必须聚焦战略性新兴产业和未来产业，通过产教融合等创新模式，培养国家急需的复合型创新创业人才。

以互联网、大数据、人工智能等为代表的数字技术，正以迅雷不及掩耳之势渗透到各行各业，深刻改变着传统的生产方式和工作模式。这就迫切需要我们通过教育培训与职称体系的变革，培养一批具备数字化技能、能够适应多元用工方式的劳动者。与以往侧重于单一技能培养不同，新型生产关系强调统筹推进教育科技人才体制机制的一体化改革。打破教育、科技和人才培养之间的壁垒，实现资源的优化配置和协同创新，从而激发劳动者的创造力和能动性。

在这一过程中，我们要着力培育一批战略科学家、卓越工程师、大国工匠、创新团队和一流的产业技术工人。战略科学家能够洞察科技发展的前沿趋势，引领重大科技创新方向；卓越工程师能够将科学理论转化为实际生产力，推动技术的工程化应用和产业化发展；大国工匠凭借精湛的技艺和精益求精

的精神，为产品质量提供坚实保障；创新团队汇聚了不同领域的优秀人才，在思想碰撞与协同合作中激发创新灵感；一流的产业技术工人则是生产一线的中流砥柱，他们熟练掌握先进的生产技术，确保生产过程的高效、稳定运行。只有拥有这样一支高素质、创新型的劳动者队伍，新质生产力的发展才能获得充足的人力资源支撑，创新的活力才能源源不断地释放出来。

与此同时，在新的数字化产业生态系统中，企业之间的关系也发生了翻天覆地的变化，呈现出更加紧密的控制与协调态势。随着信息技术的飞速发展，企业的决策信息实现了透明化和即时共享，这为企业之间的深度协同合作奠定了坚实的基础。在这个全新的生态系统中，资源共享、价值共创、风险共担成为企业合作的核心理念。

核心企业在其中扮演着至关重要的角色。它们不仅专注于自身创新业务的拓展和核心竞争力的提升，还通过获取和整合供应商数据，对其生产活动进行全方位的监控和优化。通过这种方式，核心企业能够充分发挥组织协调作用，实现社会化生产的高效运转。以汽车制造行业为例，核心车企可以实时获取零部件供应商的生产进度、库存情况等信息，根据市场需求的变化及时调整生产计划，确保整车生产的顺利进行，同时也能帮助供应商优化生产流程，降低成本。

不同企业之间通过交叉持股和战略联盟等方式，进一步加强了合作的深度和广度。交叉持股使企业之间形成了紧密的利益共同体，增强了合作的稳定性和长期性；战略联盟则让企业能够在技术研发、市场拓展、供应链管理等方面实现优势互补，共同应对复杂多变的市场竞争。企业之间共享商品的产能和价格等信息，能够快速响应市场需求的变化，提高市场竞争力。

为了构建这种可以促进高效协同的社会化生产关系，我们需要鼓励和规范各类风险投资，大力发展耐心资本。风险投资能够为创新型企业提供启动资金和发展动力，帮助它们突破发展初期的资金瓶颈；耐心资本则注重企业的长期发展，为企业提供稳定的资金支持，鼓励企业进行长期的技术研发和创新投入。同时，我们要推动资金、技术等先进生产要素向创新领域集中，培育一批核心创新企业。这些核心企业将成为产业发展的引领者，带动整个产业链的创新升级。此外，还要推动数据等新型生产要素的充分流动，建立健全相关制度，为新型生产关系的发展营造良好的制度环境。

三、软基建建设：社会公平和谐的基石

在社会发展的进程中，我们不得不面对这样一个现实：中产阶层缺乏足够的制度保障，穷人缺乏足够的保护，这些现象严重影响了社会的公平与和谐，而其根源在于软基建建设的

不足。软基建建设，即社会领域的基础设施建设，包括社会保障、医疗、教育和公共住房等方面，是生产关系改革的核心内容，也是上层建筑得以稳固的有效社会基础。

生产力的发展离不开生产关系领域的深刻改革。以“共同富裕”这一中国式现代化的重要特征为例，实现共同富裕的关键在于培育一个庞大的中产阶层。“共同富裕”绝非平均主义，更不是劫富济贫，而是通过合理的制度安排和政策引导，促进中产阶层的发展壮大。当一个国家的中产阶层比例跨过50%的门槛，达到65%甚至更高时，这个社会有望实现“共同富裕”。庞大的中产阶层不仅是社会稳定的重要力量，也是消费市场的主力军。在任何社会，中产阶层都具备稳定的收入和较强的消费能力，能够实现可持续的消费，从而推动经济的健康发展。

然而，在以往的发展过程中，我们常常看到经济和社会、市场和政府的错位现象。在应该充分发挥市场机制作用的经济领域，政府干预过度，导致市场活力受限；而在应该由政府主导的社会领域，市场化过度，政府责任缺失。这种错位造成了经济领域的“硬基建”过度发展，而社会领域的“软基建”严重不足，甚至缺位的局面。例如，在一些地方，大量资金投入交通、能源等基础设施建设的硬基建领域，而在社会保障方面，保障水平较低，覆盖范围有限，许多弱势群体无法得到充分的保障；在医疗领域，医疗资源分配不均，优质医疗资源集中在大城市和大医院，基层医疗服务能力薄弱，百姓看病难、看病贵的问题依然突出；在教育领域，优质教育资源分布不均衡，城乡、区域之间的教育差距较大，教育公平难以实现；在公共住房领域，保障性住房供应不足，房价过高，许多中低收入群体面临住房困难。

为了解决这些问题，我们必须大力加强软基建建设，加大对社会保障、医疗、教育和公共住房等领域的投入。完善社会保障体系，提高保障水平，扩大覆盖范围，让全体人民都能享受到基本的社会保障；优化医疗资源配置，加强基层医疗服务能力建设，提高医疗服务的可及性和质量；促进教育公平，加大对教育资源薄弱地区和学校的支持力度，推动教育均衡发展；增加保障性住房供应，完善住房保障制度，解决中低收入群体的住房问题。只有通过加强软基建建设，为中产阶层提供足够的制度保障，为穷人提供足够的保护，才能实现社会的公平与和谐，为新质生产力的发展创造良好的社会环境。

可以说，在新质生产力引领的时代变革中，社会结构正在经历深刻的重塑，新型生产关系的构建成为必然趋势。通过培育新型劳动者队伍、构建紧密的企业协同关系和强化软基建建设，我们能够为新质生产力的发展提供坚实的支撑，实现经济的高质量发展和社会的全面进步。

第四章
经济社会制度全面完善

在人类历史的宏大叙事中，生产力与生产关系始终是推动社会发展的核心动力，二者相互作用、相互影响，共同勾勒出各个时代的经济轮廓与社会面貌。当下，我们正置身于一个风云变幻的时代，新质生产力以其创新驱动的特质，打破阻碍传统经济增长的桎梏，展现出高科技、高效能、高质量的发展态势，为经济社会的进步开辟了新的道路。而与之适配的新型生产关系，在经济社会制度全面完善的进程中逐渐崭露头角，成为各国在全球竞争中脱颖而出的关键因素。但这一变革之路并非一帆风顺，无论是发达国家还是新兴经济体，都面临着诸多挑战与抉择。

一、全球格局下的生产力与生产关系困境

美国，作为全球经济与科技的强国，长期以来在技术创新和经济发展方面占据领先地位。然而，在光鲜的外表下，美国社会正面临着日益严峻的结构性矛盾。随着技术的飞速发展和经济的持续扩张，美国的收入差异不断加大，贫富差距日益悬殊。这种经济上的不平等导致了社会的深度分化，不同阶

层之间的矛盾逐渐激化，为民粹主义的全面崛起提供了肥沃的土壤。

在政治领域，美国的治理危机也在不断加深。党争日益激烈，政治极化现象严重，不同政治派别之间难以达成共识，政策的制定和执行受到严重阻碍。司法政治化趋势明显，法律沦为政治斗争的工具，削弱了司法的公正性和权威性。街头运动此起彼伏，民众对政府的不满情绪通过各种抗议活动得以宣泄，社会秩序受到冲击。曾经被视为世界民主典范的美国，在民粹化民主的浪潮下，陷入了重重危机。

从本质上看，美国所面临的这些问题，根源在于生产力和生产关系、经济基础和上层建筑之间出现了严重的不协调。技术的进步和经济的发展并没有带来社会的均衡发展，反而加剧了社会矛盾。要化解这些结构性矛盾，美国面临着艰难的选择：要么改变生产力和经济基础，要么改变生产关系和上层建筑。但从现实来看，技术的发展具有不可逆性，改变生产力和经济基础几乎是不可能的任务。因此，美国不得不将目光聚焦于生产关系和上层建筑的变革，这无疑是对美国社会的巨大挑战。

二、欧洲：规则之茧与发展困境

欧洲，曾是世界创新的摇篮，在近代历史上长期引领全球的科技与文化发展。其完善的福利体系，为民众提供了稳定的生活保障，在一定程度上促进了社会的和谐与发展。然而，近年来欧洲的发展态势急转直下，面临着诸多困境。

随着时间的推移，欧洲复杂烦琐的规则体系逐渐成为创新的阻碍。尽管欧洲演变成了人们眼中的“规则社会”，规则的制定初衷是为了保障社会秩序和公平，但过度的规则却限制了企业和个人的创新活力。在科技创新的赛道上，欧洲逐渐落后于美国和一些新兴经济体。企业在面对烦琐的审批程序和严格的监管要求时，创新的积极性受到抑制，许多创新项目因难以突破规则的束缚而夭折。

经济问题与地缘政治的变迁，进一步加剧了欧洲的困境。经济增长乏力，失业率上升，使欧洲的社会矛盾逐渐凸显。同时，地缘政治的不稳定，如英国脱欧、难民危机等，对欧洲的政治格局和经济发展产生了深远影响。欧洲的生产关系和上层建筑都面临着严峻的挑战。刚刚结束的欧洲议会选举表明，民粹主义和各种极端社会思潮开始在欧洲崛起，这无疑给欧洲的未来发展蒙上了一层阴影。如何改革生产关系和上层建筑，以释放生产力和强化经济基础，成为欧洲社会亟待解决的问题。

三、改革与发展：破局之道

从世界历史的发展进程来看，当一个国家的生产关系和上层建筑无法适应生产力和经济基础的发展时，改革就成为必然的选择。如果改革不能成功，社会矛盾将进一步激化，甚至可能引发“革命”。邓小平曾指出改革是中国的第二次革命，这深刻地揭示了改革在推动社会发展中的重要作用。

在当今世界，国家间竞争的核心正逐渐聚焦于制度层面。各国都在努力通过改革生产关系和上层建筑，来促进生产力和经济基础的发展。尽管各国的制度表现形式各不相同，但竞争的本质是一致的，即如何通过制度创新，实现资源的有效配置，提高劳动生产力，推动经济的可持续发展。那些能够及时调整制度，适应时代发展需求的国家，将在全球竞争中占据优势地位；而那些故步自封、拒绝改革的国家，则可能面临被淘汰的命运。

四、国内大循环：中国的改革路径

对于中国而言，国内大循环和建设全国统一大市场是推动经济发展的重要战略举措。国内大循环的实现，旨在充分挖掘国内市场的潜力，实现资源在国内市场的有效配置，从而提高劳动生产力。而建设全国统一大市场，是实现国内大循环的关键路径。通过打破地区间的行政分割，消除市场壁垒，促进商品和要素的自由流动，能够激发市场活力，提高经济效率。

然而，经验表明，无论是国内大循环的实现还是全国统一大市场的建设，都离不开深刻的行政体制改革。行政区域化壁垒已成为全国统一大市场建设和国内大循环的最大阻力。不同地区之间的政策差异、市场准入门槛的不同，以及地方保护主义的存在，阻碍了资源的自由流动和市场的统一。因此，推进行政体制改革，打破行政壁垒，是实现国内大循环和建设全国统一大市场的必然要求。这需要政府转变职能，优化行政管理体制，加强区域间的协调与合作，为市场的自由竞争和资源的有效配置创造良好的环境。

五、国际大循环：深化开放的策略

自改革开放以来，中国经济的快速发展在很大程度上得益于外循环。然而，在逆全球化和反全球化的新环境下，中国面临着如何深化开放的新课题。中央提出，要围绕“规则、规制、管理和标准”来推进新一波开放，与国际高标准进行对接。这意味着中国将在更高层次上参与国际经济合作与竞争，通过提升自身的规则制定能力和管理水平，更好地融入全球经济体系。

此外，中国以精准的单边开放为核心的高水平开放，是破解美国和一些西方国家围堵的有效手段。尽管中国已经在签证领域开始实行单方面开放，但还需要将单边开放扩展到更多的领域。这种开放涉及内部的重大利益调整，需要通过改革来推动。同时，中国经济发展到目前阶段，迫切需要大规模地发展自己的跨国公司。要发展跨国公司，不仅要构建资本出海的金融机制，更需要构建保护海外利益的机制。目前，在这些领域，现有机制还存在不足，需要付出巨大努力来推进机制建设。

六、展望未来：改革的力量与希望

在这个充满变革的时代，改革是推动社会进步的关键力量。无论是美国、欧洲还是中国，都在探索适合自身发展的改革路径。对于美国和欧洲而言，改革生产关系和上层建筑，化解结构性矛盾，是实现社会稳定和经济可持续发展的必由之路。而对于中国来说，通过深化改革，实现国内大循环和国际大循环的相互促进，是在全球竞争中脱颖而出的关键。

改革从来都不是一件容易的事情，它涉及利益的重新分配和观念的转变，必然会面临各种阻力和挑战。但历史经验告诉我们，只有通过改革，才能解放生产力，实现社会的发展和进步。党的二十届三中全会，承载着人们对改革的期望。以往的经验表明，只有通过生产关系和上层建筑层面的改革，才能解放劳动生产力；只有解放劳动生产力，才能谋取发展和扩大上层建筑的经济基础。

在未来的发展中，各国应积极应对挑战，以开放的心态和创新的思维，推动制度创新和改革。在全球竞争的舞台上，谁能率先完成生产关系和上层建筑的变革，谁就能在新质生产力的发展浪潮中抢占先机，实现经济的繁荣和社会的进步。让我们拭目以待，共同见证改革的力量如何重塑全球经济与社会的未来格局。

第 二 篇
新要求

P A R T 2

在这个科技革命与产业变革交织的新时代，新型生产关系正以前所未有的速度重塑着我们的经济版图。这不仅是一场生产力的革新，更是一次人类工作方式的根本性变革。

在新型生产关系时代，劳动者权益保障将迎来质的飞跃。智能合约技术的应用，使得劳动报酬的支付更加透明、及时；区块链技术的引入，让劳动者的技能认证和职业发展轨迹得到永久记录；人工智能的辅助，使工作环境更加安全、人性化。这些技术创新，正在构建一个更加公平、更有尊严的劳动环境。

生产要素的配置方式也在发生深刻变革。数据作为新型生产要素，正在打破传统资源配置的边界。云计算平台让中小企业也能获得强大的计算能力，共享经济模式让闲置资源得到充分利用，智能算法让生产要素的匹配更加精准高效。这种创新性的资源配置方式，正在释放出巨大的经济潜能。

利益共享机制的重构，更是这场变革的核心。股权激励、利润分享、平台分红等新型分配方式，正在创造更加公平的利益分配格局。劳动者不再仅仅是雇佣关系中的被动接受者，而是成了价值创造的共同参与者和受益者。这种新型利益共享机制，正在激发每个人的创造力和积极性。

新型生产关系时代的到来，标志着人类正在迈向一个更加公平、更有效率、更具活力的经济新纪元。在这个时代，每个人都能找到属于自己的位置，每个创意都能获得实现的机会，每份付出都能得到应有的回报。这不仅是经济发展的必然趋势，更是人类文明进步的生动写照。

第五章
更好的劳动者权益保障

在新质生产力蓬勃发展的时代背景下，构建与之相适应的新型生产关系显得尤为重要。而新型生产关系的核心要义之一，便是为劳动者权益保障提供更为坚实的基础和更为广阔的发展空间（图 5-1）。

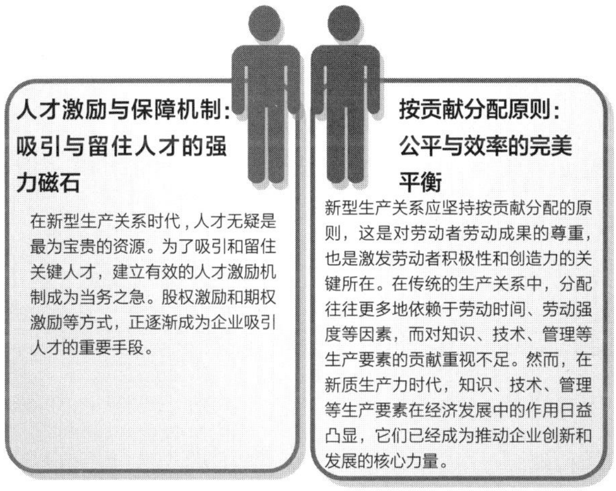

图 5-1　更好的劳动者权益保障

一、人才激励与保障机制：吸引与留住人才的强力磁石

在新型生产关系时代，人才无疑是最为宝贵的资源。为

了吸引和留住关键人才，建立有效的人才激励机制成为当务之急。股权激励和期权激励等方式，正逐渐成为企业吸引人才的重要手段。

股权激励将员工的个人利益与企业的长远发展紧密绑定在一起。当员工持有企业的股权时，他们会更加关注企业的经营状况和发展前景，因为企业的兴衰成败直接关系到他们自身的利益。这种利益共享的机制，能够极大地激发员工的工作积极性和创造力，促使他们为企业的发展全力以赴。例如，许多高科技初创企业，通过向核心技术人员和管理人员授予股权，吸引了一大批优秀人才的加入。这些人才凭借着自己的专业知识和创新能力，为企业的技术研发和市场拓展做出了巨大贡献，同时也在企业的发展过程中实现了自身的价值增值。

期权激励则为员工提供了一种未来的收益预期，让他们对自己的努力有了更为明确的回报期待。员工通过努力工作，提升企业的业绩和市场价值，当企业达到一定的目标时，员工就可以按照事先约定的价格交易企业的股票，从而获得丰厚的收益。这种激励方式不仅能够激发员工的工作动力，还能够吸引那些具有长远眼光和创新精神的人才加入企业。例如，一些互联网巨头企业，通过广泛实施期权激励计划，吸引了全球范围内的优秀人才，为企业的持续创新和发展注入了源源不断的动力。

除了股权激励和期权激励外，提供完善的社会保障体系也是新型生产关系中保障劳动者权益的重要举措。在传统的生产关系中，劳动者往往面临着诸多不确定性和风险，如失业、疾病、工伤等。而完善的社会保障体系，就像是一把坚实的保护伞，为劳动者遮风挡雨，让他们能够安心工作。新型生产关系下的社会保障体系，不仅涵盖了基本的养老保险、医疗保险、失业保险和工伤保险，还包括了住房保障、教育培训补贴、职业技能提升支持等多方面的内容。通过这些保障措施，劳动者的生活质量得到了有效提升，他们的工作积极性和创造力也得到了进一步激发。

二、按贡献分配原则：公平与效率的完美平衡

新型生产关系应坚持按贡献分配的原则，这是对劳动者劳动成果的尊重，也是激发劳动者积极性和创造力的关键所在。在传统的生产关系中，分配往往更多地依赖于劳动时间、劳动强度等因素，而对知识、技术、管理等生产要素的贡献重视不足。然而，在新质生产力时代，知识、技术、管理等生产要素在经济发展中的作用日益凸显，它们已经成为推动企业创新和发展的核心力量。

按贡献分配原则，就是要确保这些生产要素的贡献得到合理回报。对于知识型劳动者来说，他们通过不断学习和积累知识，为企业的技术创新和产品研发提供了智力支持。他们的

知识贡献，应该通过专利收益、技术入股、项目奖金等方式得到充分体现。例如，一位科研人员研发出了一项具有重大商业价值的技术专利，企业可以通过购买专利使用权、给予技术入股等方式，让科研人员获得相应的经济回报。同时，企业还可以设立专项奖励基金，对在技术创新方面做出突出贡献的科研人员进行表彰和奖励，激发他们的创新热情。

对于技术型劳动者而言，他们凭借着精湛的技术和丰富的实践经验，为企业的生产过程提供了技术保障。他们的技术贡献，应该通过技术津贴、技能等级晋升、项目分红等方式得到合理回报。例如，在一家智能制造企业中，技术工人通过改进生产工艺，提高了生产效率和产品质量，企业可以根据生产效率的提升幅度和产品质量的改善情况，给予技术工人相应的技术津贴和项目分红，激励他们不断提升技术水平，为企业创造更大的价值。

管理型劳动者在企业的运营和发展中发挥着至关重要的作用，他们通过科学的管理理念、有效的管理方法和卓越的领导能力，协调企业内部的各种资源，推动企业的发展壮大。他们的管理贡献，应该通过绩效奖金、管理岗位晋升、利润分享等方式得到充分肯定。例如，一位优秀的企业管理者，通过优化企业的组织架构、完善企业的管理制度，提高了企业的运营效率和市场竞争力，企业可以根据企业业绩的提升情况，给予管理者相应的绩效奖金和利润分享，激励他们继续为企业的发展贡献力量。

按贡献分配原则的实施，不仅能够体现公平正义，让劳动者的付出得到应有的回报，还能够激发劳动者的积极性和创造力，提高生产效率，促进经济的发展。在这种分配原则下，劳动者会更加注重自身能力的提升和贡献的增加，从而形成一种良性循环，推动企业和社会不断向前发展。

三、新型生产关系下劳动者权益保障的实践与探索

在现实经济生活中，许多企业和组织已经开始积极探索新型生产关系下的劳动者权益保障模式，并取得了一系列显著成效。

以一些知名的科技企业为例，它们在人才激励与保障机制和按贡献分配原则方面进行了大胆创新。在人才激励方面，这些企业不仅提供具有竞争力的薪酬待遇，还广泛实施股权激励和期权激励计划。例如，某互联网科技巨头公司，每年都会拿出一定比例的股权，授予那些在技术研发、产品创新、市场拓展等方面做出突出贡献的员工。同时，公司还设立了丰富多样的期权激励计划，为员工提供了广阔的发展空间和丰厚的回报预期。在社会保障方面，该公司为员工提供了完善的福利体系，包括五险一金、商业保险、带薪年假、定期体检、员工培训、住房补贴等。这些福利措施，不仅保障了员工的基本生活

需求，还为员工的职业发展和个人成长提供了有力支持。

在按贡献进行分配方面，该公司建立了一套科学合理的绩效考核体系，根据员工的工作业绩、创新能力、团队协作等多方面的表现，对员工进行全面评估，并给予相应的薪酬调整、奖金发放和晋升机会。例如，公司设立了技术创新奖、产品优秀奖、市场开拓奖等多个奖项，对在相关领域做出突出贡献的员工进行表彰和奖励。同时，公司还鼓励员工参与内部创业项目，对于成功的创业项目，给予项目团队丰厚的利润分成和股权奖励，激发了员工的创新活力和创业热情。

在新兴产业领域，如新能源、人工智能、生物医药等，许多企业也在积极探索新型生产关系下的劳动者权益保障模式。以一家新能源汽车制造企业为例，该企业在人才激励方面，除了提供具有竞争力的薪酬和福利待遇外，还注重员工的职业发展规划和培训提升。企业与高校、科研机构合作，为员工提供定制化的培训课程和实践机会，帮助员工提升专业技能和综合素质。同时，企业还设立了内部晋升通道和岗位轮换机制，让员工有机会在不同的岗位上锻炼和成长，实现个人价值的最大化。

在按贡献进行分配方面，该企业建立了基于项目制的分配模式。对每个研发项目和生产项目都设立了明确的目标和考核指标，根据项目团队的完成情况和贡献大小，给予相应的项目奖金和绩效奖励。例如，在新能源汽车电池技术研发项目中，项目团队经过艰苦努力，成功研发出了一款高性能的电池产品，为企业赢得了市场竞争优势。企业根据项目的成果和市场效益，给予项目团队高额的项目奖金和股权奖励，激励团队成员继续为企业的技术创新和产品升级贡献力量。

四、新型生产关系下劳动者权益保障面临的挑战与应对策略

尽管新型生产关系为劳动者权益保障带来了诸多机遇，但在实践过程中，也面临着一些挑战。

在传统的生产关系观念中，劳动者往往被视为一种生产工具，其权益保障并未得到足够的重视。而在新型生产关系下，要实现劳动者权益的有效保障，首先需要转变观念，树立以人为本的发展理念。然而，观念的转变并非一蹴而就，需要一个长期的过程。一些企业和管理者仍然受传统观念的束缚，对劳动者权益保障的重要性认识不足，在实际工作中，往往更注重企业的经济效益，而忽视了劳动者的权益需求。

为了解决这一问题，需要加强对新型生产关系理念的宣传和教育，提高企业和管理者对劳动者权益保障的认识。政府、行业协会、企业等各方应共同努力，通过举办培训讲座、研讨会、经验交流会等形式，普及新型生产关系的相关知识，

引导企业和管理者树立正确的发展观念。同时，要加强对劳动者权益保障法律法规的宣传和执行力度，让企业和管理者认识到保障劳动者权益是企业应尽的法律责任和义务。

新型生产关系下的劳动者权益保障，需要完善的制度体系作为支撑。然而，目前相关的制度建设还存在一些不足之处。例如，在股权激励和期权激励方面，法律法规还不够完善，存在一些法律空白和模糊地带，导致在实际操作中存在一定的风险和不确定性。在社会保障体系方面，虽然我国已经建立了基本的社会保障制度，但在保障水平、覆盖范围、管理服务等方面还存在一些问题，需要进一步完善和优化。

为了应对这些挑战，政府应加快相关法律法规的制定和完善，为新型生产关系下的劳动者权益保障提供法律依据。在股权激励和期权激励方面，要明确股权和期权的授予条件、行权方式、退出机制等关键问题，规范企业的操作行为，保障劳动者的合法权益。在社会保障体系方面，要加大财政投入，提高保障水平，扩大覆盖范围，加强管理服务，建立健全多层次、多元化的社会保障体系。同时，要加强对制度执行情况的监督和评估，及时发现和解决制度执行过程中出现的问题，确保制度的有效实施。

即使建立了完善的制度体系，如果执行监督不到位，劳动者权益保障也难以落到实处。在实际工作中，一些企业存在制度执行不力、监督不到位的情况，导致劳动者权益保障制度成为一纸空文。例如，在按贡献进行分配方面，一些企业的绩效考核体系不够科学合理，存在考核标准不明确、考核过程不公正、考核结果不透明等问题，导致劳动者的贡献得不到公正的评价和合理的回报。

为了解决这一问题，需要加强对劳动者权益保障制度执行情况的监督和评估。政府应加强劳动监察执法力度，定期对企业的劳动用工情况进行检查，及时发现和纠正企业的违法行为。企业应建立健全内部监督机制，加强对制度执行情况的自我监督和评估。同时，要充分发挥工会、行业协会等社会组织的作用，加强对企业的社会监督，形成政府、企业、社会组织共同参与的监督格局，确保劳动者权益保障制度得到有效执行。

在人才激励与保障机制方面，股权激励和期权激励等方式将更加成熟和规范，成为企业吸引和留住人才的重要手段。同时，社会保障体系将更加完善，保障水平将不断提高，覆盖范围将进一步扩大，为劳动者提供更加全面、更加优质的保障服务。

在按贡献进行分配方面，分配制度将更加科学合理，能够更加准确地衡量劳动者的贡献大小，并给予相应的回报。知识、技术、管理等生产要素的价值将得到更加充分的体现，劳动者的创新活力和创造潜能将得到进一步激发。

新型生产关系下的劳动者权益保障，将为经济的可持续发展和社会的和谐稳定提供强大的动力支持。在这个充满机遇和挑战的时代，我们应积极推动新型生产关系的发展，不断完善劳动者权益保障机制，让每一位劳动者都能够在公平、公正、和谐的环境中工作和生活。展望未来，随着新质生产力的不断发展和新型生产关系的逐步完善，劳动者权益保障将迎来更加美好的前景。

第六章
更好的生产要素合理配置

在新质生产力快速发展的时代背景下，构建与之相匹配的新型生产关系已成为推动经济高质量发展的关键任务。这种新型生产关系犹如一把精准的钥匙，能够有效打通生产要素优化配置的通道，为经济社会的可持续发展注入强劲动能。它不仅能够促进各类生产要素的高效流动和合理配置，更能激发市场主体的创新活力，推动产业结构优化升级，从而实现经济发展质量、效率与动力的全面提升。

一、知识共享与知识产权保护：创新的双翼

在新型生产关系时代，知识成了一种至关重要的生产要素。知识共享，宛如一场思想的盛宴，能够汇聚各方智慧，推动开放创新和协同创新的浪潮。想象一下，全球的科研人员、企业创新者、行业专家，通过各种数字化平台，打破地域和组织的界限，自由地分享知识、交流想法，那该多么令人振奋。在医学领域，研究罕见病的科研团队可以在全球范围内共享研究数据和成果，加速药物研发的进程；在人工智能领域，不同企业的技术专家可以共同探讨算法优化和应用场景拓展，推动

技术的快速发展。这种知识共享的模式，能够充分发挥集体的智慧，让创新的火花在碰撞中不断绽放。

然而，知识共享并不意味着忽视知识产权保护。知识产权保护是创新成果的坚实护盾，确保创新者的辛勤付出能得到合理回报。在新型生产关系中，加强知识产权保护至关重要。完善的知识产权法律法规，能够为创新者提供法律保障，让他们在创新的道路上无后顾之忧。例如，专利制度能够保护发明者的创新成果，使其在一定期限内享有独占权，通过专利许可和转让，创新者可以获得经济收益，从而激励更多的人投身创新。同时，加强知识产权保护，也有助于营造公平竞争的市场环境，避免不正当竞争对创新的破坏。

知识共享与知识产权保护，就像一对孪生兄弟，相互促进、相辅相成。合理的知识共享，能够激发更多的创新灵感，为知识产权的创造提供丰富的源泉；而有效的知识产权保护，则能够保障创新者的权益，鼓励他们积极分享知识，形成一个良性循环的创新生态系统。

二、绿色生产与可持续发展：经济与环境的和谐共生

在新型生产关系中，绿色生产与可持续发展理念贯穿始终。随着全球环境问题的日益严峻，人们越来越深刻地认识到，经济发展不能以牺牲环境为代价。绿色生产是一种全新的

生产方式，它强调环境保护和资源节约，追求经济发展与环境保护的和谐共生。

绿色生产要求企业在生产过程中，采用环保的原材料、先进的生产技术和设备，减少污染物的排放和资源的消耗。例如，在制造业中，推广使用清洁能源，采用循环生产工艺，实现废弃物的减量化、再利用和资源化。一些汽车制造企业，通过研发新能源汽车，减少了对传统燃油的依赖，降低了尾气排放；同时，在生产过程中，采用轻量化材料和高效节能设备，提高了能源利用效率，减少了生产过程中的碳排放。

循环经济是绿色生产的重要体现。它遵循“减量化、再利用、资源化”的原则，将经济活动组织成一个“资源—产品—再生资源”的反馈式流程。在循环经济模式下，企业之间形成了紧密的产业共生关系。例如，一家钢铁企业产生的炉渣，可以作为另一家建筑材料企业的原材料，生产出新型的建筑材料；废旧电子产品经过回收处理后，可以提取出有价值的金属和零部件，重新投入生产。这种循环利用的模式，不仅减少了资源的浪费，降低了环境污染，还为企业创造了新的经济增长点。

实现可持续发展，需要政府、企业和社会各界的共同努力。政府应制定严格的环保政策和法规，引导企业采用绿色生产方式；加大对环保技术研发和推广的支持力度，推动绿色产业的发展。企业要积极履行社会责任，将绿色生产理念融入企业的战略规划和生产运营中，不断创新绿色技术和产品。社会各界要加强环保宣传教育，提高公众的环保意识，倡导绿色消费理念，形成全社会共同参与的绿色发展氛围。

三、新型生产关系下生产要素合理配置的实践与成效

在现实经济生活中，许多企业和地区已经开始积极践行新型生产关系下的生产要素合理配置理念，并取得了显著的成效。

以一些知名的科技企业为例，它们在知识共享与知识产权保护方面进行了积极探索。谷歌公司建立了开源代码平台，鼓励全球的开发者共享代码和技术，推动了软件技术的快速发展。同时，谷歌也非常重视知识产权保护，通过申请大量的专利，保护自己的创新成果。在绿色生产方面，苹果公司致力于减少产品生产过程中的碳排放，采用可再生能源，优化产品设计，提高产品的能源效率。苹果公司还积极推动产品的回收和再利用，建立了完善的回收体系，将回收的材料重新用于产品生产，实现了资源的循环利用（图 6–1）。

在区域经济发展中，一些地区通过加强知识共享和产业协同，实现了生产要素的优化配置。例如，我国的长三角地区，以上海为核心，周边城市如苏州、无锡、杭州等紧密协

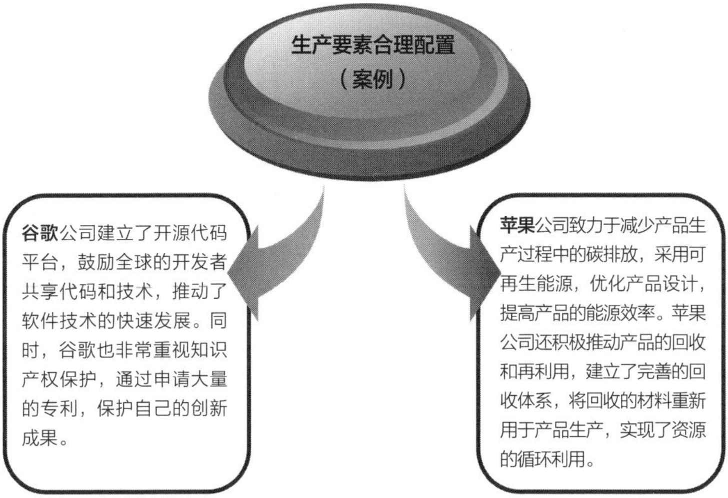

图 6-1　更好的生产要素合理配置

作。上海拥有丰富的科研资源和创新人才，通过与周边城市的知识共享和技术转移，带动了周边城市的产业升级。苏州的制造业企业与上海的科研机构合作，共同开展技术研发，提高了产品的科技含量和市场竞争力。同时，长三角地区在绿色生产与可持续发展方面也走在了前列。通过加强环境治理和资源共享，推动了区域内的绿色产业协同发展，实现了经济发展与环境保护的良性互动。

四、新型生产关系下生产要素合理配置面临的挑战与应对策略

尽管新型生产关系为生产要素的合理配置带来了诸多机

遇，但在实践过程中，也面临着一些挑战。

首先，知识共享与知识产权保护的平衡难。在知识共享的过程中，如何平衡知识共享与知识产权保护的关系，是一个亟待解决的问题。一方面，过度强调知识产权保护，可能会阻碍知识的传播和共享，抑制创新的活力；另一方面，忽视知识产权保护，又会导致创新者的权益得不到保障，影响创新的积极性。为了解决这一问题，需要建立科学合理的知识产权制度，明确知识产权的保护范围和期限，在保护创新者权益的同时，促进知识的合理共享。同时，要加强知识产权管理和服务，提高知识产权的运用效率，推动知识的转化和应用。

其次，绿色生产的成本与技术挑战。绿色生产虽然具有重要的意义，但在实施过程中，企业往往面临着成本增加和技术难题。采用环保的原材料和先进的生产技术，可能会导致企业的生产成本上升，影响企业的市场竞争力。此外，绿色生产技术的研发和应用还存在一定的难度，需要大量的资金和技术投入。为了应对这些挑战，政府应加大对绿色生产的政策支持和资金投入，通过税收优惠、财政补贴等方式，降低企业实施绿色生产的成本。同时，要加强绿色技术研发和创新，建立产学研用协同创新机制，推动绿色技术的突破和应用。

最后，可持续发展的观念与制度障碍。实现可持续发展，需要全社会树立正确的发展观念和完善的制度保障。然而在现实中，一些企业和个人仍然存在重经济增长、轻环境保护的观念，可持续发展的意识淡薄。同时，相关的制度建设还不够完善，缺乏有效的监督和考核机制。为了克服这些障碍，要加强可持续发展的宣传教育，提高全社会的环保意识和可持续发展观念。同时，要建立健全可持续发展的法律法规和政策体系，加强对企业和社会行为的监督和考核，确保可持续发展目标的实现。

新型生产关系下的生产要素合理配置，是推动新质生产力发展的关键力量。展望未来，随着新质生产力的不断发展和新型生产关系的逐步完善，生产要素的合理配置将为经济社会的发展带来更加美好的前景。在知识共享与知识产权保护方面，随着数字化技术的不断进步，知识共享的平台和方式将更加多样化和便捷化。同时，知识产权保护制度将更加完善，能够更好地平衡知识共享与创新激励的关系。在绿色生产与可持续发展方面，绿色技术将不断创新和突破，绿色产业将蓬勃发展，成为经济增长的新引擎。经济发展与环境保护将实现更加深度的融合，人类将迈向一个更加绿色、低碳、可持续的未来。

第七章
更优的利益共享机制及其优化组合

在新质生产力迅猛发展的时代浪潮中，构建与之相匹配的新型生产关系已成为当务之急。这种新型生产关系，恰如一座摩天大厦的地基，不仅为更高效的利益分配机制奠定了稳固基础，更为其优化组合提供了强有力的制度保障（图 7–1）。它既是生产力发展的必然要求，也是推进社会进步的关键支撑，在促进资源优化配置、激发创新活力等方面发挥着不可替代的作用。

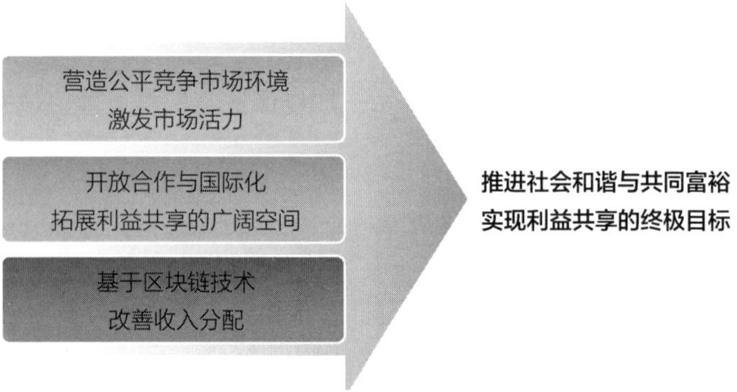

图 7–1　更优的利益共享机制及其优化组合

第一节
营造公平竞争市场环境，激发市场活力

公平竞争市场环境是新型生产关系的基石与利益共享的前提。在当今复杂多变且不断演进的经济格局中，公平竞争的市场环境已然成为新型生产关系的关键构成要素，更是实现利益共享这一崇高目标的基础性前提。一个公平竞争的市场宛如一座充满活力与机遇的舞台，在这个舞台上，各类市场主体，无论其规模大小、出身背景如何，都能凭借自身的独特优势，平等地参与到激烈的市场竞争之中，尽情释放自身蕴含的无限潜力。

一、传统经济模式下行业壁垒的剖析

（一）行业壁垒的形成机制

在传统经济模式的长期发展历程中，诸多因素相互交织，共同催生了行业壁垒的形成。其中，资源的稀缺性占据着举足轻重的地位。以某些资源性行业为例，像石油、煤炭等关键资源，其在地球上的储量是有限的。这种先天性的稀缺特质，使得掌握这些资源的企业从一开始就具备了天然的竞争优势。同时，政策层面的限制也进一步强化了这一局面。政府出于对资源合理开发、产业安全等多方面的考量，往往会制定一系列严格的准入政策。例如，在石油开采行业，需要企业具备雄厚的资金实力、先进的开采技术以及丰富的行业经验等多方面条件，才有可能获得开采许可证。这一系列严苛的要求，使得绝大多数企业望而却步，只能被阻挡在行业大门之外。

（二）垄断现象的滋生与表现

行业壁垒的存在为垄断现象的滋生提供了肥沃的土壤。在那些存在较高准入门槛的行业中，少数成功进入的企业凭借其对资源的垄断性掌控以及政策赋予的相对优势地位，逐渐形成了垄断格局。这些垄断企业在市场中拥有绝对的话语权，能够自主决定产品的价格、产量等关键市场要素。以某大型煤炭企业为例，其在所在地区几乎垄断了煤炭的开采与销售业务。由于缺乏有力的竞争对手，该企业可以随意抬高煤炭价格，使得下游用煤企业的生产成本大幅增加。同时，在产量方面，为了维持高价格带来的高额利润，该企业往往会限制煤炭的产量，导致市场上煤炭供应相对短缺，进一步加剧了市场的供需失衡。

（三）行业壁垒对市场的负面影响

抑制市场主体的自由进入。高筑的行业壁垒如同坚固的城墙，将大量潜在的市场主体阻挡在外。这些被排除在外的企业，尽管可能拥有先进的技术、创新的理念以及高效的管理模式，但由于无法突破行业壁垒的限制，无法进入市场参与竞争，其发展空间被极大地压缩。长此以往，不仅这些企业自身的成长受到阻碍，整个市场的活力与创新源泉也会逐渐枯竭。

阻碍市场竞争的充分展开。垄断企业在缺乏有效竞争压力的情况下，往往缺乏提升自身竞争力的动力。它们不再积极投入研发创新，提高产品质量和服务水平，而是更多地依赖垄断地位获取利润。这使得市场上产品和服务的多样性受到严重限制，消费者可供选择的范围变得狭窄。例如，在一些被垄断的公用事业领域，消费者只能被动接受垄断企业提供的单一产品和服务，无法享受到因市场竞争而带来的优质、低价的产品和服务。

损害消费者利益。垄断企业通过抬高产品价格、降低产品质量和服务水平等手段获取高额利润，这直接损害了消费者的切身利益。消费者不得不花费更多的金钱购买质量未必更好的产品和服务，生活成本大幅增加。同时，由于缺乏竞争，消费者的个性化需求也难以得到满足，市场无法提供多样化的产品和服务来满足不同消费者的不同偏好。

抑制市场创新活力。创新是推动经济发展的核心动力，而公平竞争的市场环境是激发创新的关键因素。然而，行业壁垒的存在使得垄断企业无须通过创新就能获取丰厚利润，这导致企业对创新的投入意愿降低。同时，其他有创新能力的企业因无法进入市场，其创新成果也无法得到有效的市场检验和应用，整个市场的创新活力受到极大抑制。这对于一个国家或地区的长期经济发展来说，无疑是一个巨大的阻碍。

阻碍经济健康发展。行业壁垒引发的一系列问题，如市场竞争不充分、创新活力不足、消费者利益受损等，最终都会对整个经济的健康发展产生负面影响。资源无法得到合理有效的配置，经济效率低下，经济增长动力不足。长期来看，这种不公平的市场环境会导致经济发展陷入停滞甚至衰退的困境。

二、新型生产关系下政府的积极举措

（一）加强反垄断监管

监管体系的构建与完善。在新型生产关系下，政府深刻认识到反垄断监管对于维护公平竞争市场环境的重要性，积极构建和完善反垄断监管体系。通过制定一系列详细且具有针对性的法律法规，明确了垄断行为的界定标准、处罚措施，以及监管机构的职责权限等关键内容。例如，政府出台了专门的反垄断法，对垄断协议、滥用市场支配地位、经营者集中等垄断行为进行了明确的法律定义，并规定了相应的严厉处罚措施，包括高额罚款、责令停止违法行为、拆分垄断企业等。同时，设立了专门的反垄断执法机构，配备了专业的执法人员，确保反垄断监管工作能够得到有效执行。

对垄断企业的调查与处罚。政府加大了对垄断企业的调查力度，一旦发现有企业存在垄断行为，立即展开深入调查。执法机构通过收集大量的市场数据、企业经营信息，以及消费者反馈等多方面资料，对企业的行为进行全面、细致的分析判断。例如，在对某互联网巨头企业的反垄断调查中，执法机构投入了大量的人力、物力，对该企业在市场份额、用户数据使用、平台规则制定等多个方面的行为进行了深入调查。经过严谨的调查取证，执法机构最终确认该企业存在滥用市场支配地位的垄断行为，依法对其进行了高额罚款，并责令其整改相关业务行为，以维护市场竞争秩序。这些严厉的处罚措施，不仅对违法企业起到了强大的威慑作用，也向整个市场传递了政府坚决打击垄断行为、维护公平竞争市场环境的明确信号。

（二）完善市场准入制度

放宽市场准入条件。为了打破行业壁垒，促进市场主体的自由进入，政府进一步放宽了市场准入条件。在多个行业领域，降低了企业进入市场的门槛要求。例如，在传统制造业领域，取消了一些不必要的前置审批环节，简化了企业注册登记流程，缩短了企业开办时间。同时，对于企业的注册资本、经营场地等方面的要求也进行了适当调整，降低了企业的初始运营成本。在一些新兴产业领域，如人工智能、生物医药等，政府更是出台了一系列鼓励政策，降低企业进入这些领域的技术门槛和资金门槛。通过设立产业引导基金、提供技术研发支持等方式，帮助企业克服进入新兴产业时面临的技术难题和资金短缺问题。

降低企业进入市场的门槛。除了放宽准入条件外，政府还采取了一系列具体措施来降低企业进入市场的实际门槛。在税收方面，政府为新进入市场的企业提供税收优惠政策，如减免企业所得税、增值税等。对于一些符合国家产业政策导向的企业，给予一定期限的税收减免期，帮助企业在创业初期减轻负担、积累资金。在财政补贴方面，政府设立了各类专项补贴资金，对进入新兴产业、高新技术产业，以及符合环保要求等特定领域的企业给予补贴支持。例如，对于从事新能源汽车研发生产的企业，政府根据其生产规模、技术创新水平等因素给予相应的财政补贴，鼓励企业加大研发投入，提高产品质量和市场竞争力。

（三）鼓励新兴产业发展的具体政策实施

政策引导与支持。在新兴产业领域，政府通过出台相关政策，积极引导和支持中小企业和创新型企业进入。制定了详细的产业发展规划，明确了新兴产业的发展目标、重点领域和支持政策。例如，在人工智能产业发展规划中，政府明确提出要在未来几年内培育一批具有国际竞争力的人工智能企业，打造若干个人工智能产业集群。为了实现这一目标，政府出台了一系列有针对性的政策措施，包括加大对人工智能研发的资金投入、建设人工智能产业创新平台、培养专业人才等。

税收优惠与财政补贴的落实。为了确保税收优惠和财政补贴政策能够真正惠及企业，政府建立了完善的政策执行机制。在税收优惠方面，简化了企业申请税收减免的流程，提高了政策的可操作性。企业只需按照规定提交相关资料，经过税务部门审核后即可享受相应的税收优惠政策。在财政补贴方面，政府设立了专门的资金管理机构，负责对补贴资金的申请、审核、发放等环节进行严格管理。同时，加强对补贴资金使用情况的监督检查，确保资金专款专用，真正用于企业的技术研发、生产设备购置等方面。例如，某家从事生物医药研发的中小企业，在申请到政府的财政补贴后，利用这笔资金购置了先进的实验设备，招聘了高端研发人才，加快了新药研发的进程，企业的市场竞争力得到了显著提升。

三、公平竞争市场环境带来的积极影响

（一）激发市场主体的创新活力

企业创新投入的增加。在公平竞争的市场环境下，企业

为了在激烈的竞争中脱颖而出，获取竞争优势，不得不加大研发投入。企业深刻认识到，只有不断推出创新的产品和服务，提高产品质量和服务水平，才能满足消费者日益多样化的需求，赢得市场份额。例如，在智能手机市场，各大手机厂商为了吸引消费者，纷纷加大在研发方面的投入，每年投入大量资金用于研发新的手机芯片、摄像技术、屏幕显示技术等。苹果公司每年在研发上的投入高达数十亿美元，通过持续的技术创新，推出了一系列具有创新性的产品，如具有人脸识别功能的iPhone X 等，引领了智能手机行业的发展潮流。

创新商业模式的涌现。公平竞争的市场环境不仅促使企业在产品和技术方面进行创新，还推动了商业模式的创新。企业不断探索新的商业运营模式，以提高运营效率，降低成本，提升客户体验。例如，互联网电商平台的兴起就是一种典型的商业模式创新。以淘宝、京东等为代表的电商平台，打破了传统的线下零售模式，通过搭建线上交易平台，实现了商家与消费者的直接对接，极大地降低了交易成本，提高了交易效率。同时，电商平台还推出了一系列创新的服务模式，如支付宝的第三方支付、京东的次日达配送服务等，为消费者提供了更加便捷、高效的购物体验。

（二）促进资源的优化配置

资源流向高效企业。在公平竞争的市场环境中，市场机制能够充分发挥作用，引导资源流向效率更高、效益更好的企业。企业的生产效率、产品质量、管理水平等因素成为决定其能否获得资源的关键因素。那些能够高效利用资源、生产出优质产品和服务的企业，更容易获得资金、技术、人才等资源的支持。例如，在新能源汽车行业，特斯拉公司凭借其先进的电池技术、高效的生产管理模式以及出色的产品性能，在市场竞争中脱颖而出，吸引了大量的投资资金和优秀人才。而一些技术落后、生产效率低下的新能源汽车企业，则面临着资金短缺、人才流失等问题，逐渐被市场淘汰。

提高社会经济效率。资源的优化配置使得整个社会的经济效率得到显著提高。一方面，高效企业能够充分利用资源，生产出更多符合市场需求的优质产品和服务，满足消费者的需求，提高社会的福利水平；另一方面，资源从低效企业流向高效企业的过程，也是一个产业结构优化升级的过程。低效企业被淘汰，高效企业不断发展壮大，推动了整个产业向高端化、智能化、绿色化方向发展，提高了产业的整体竞争力。例如，在钢铁行业，通过淘汰落后产能，推动钢铁企业进行技术改造和升级，提高了钢铁产品的质量和生产效率，降低了能源消耗和环境污染，实现了钢铁行业的可持续发展，进而提高了整个社会的经济效率。

（三）提升消费者福利

更多优质产品和服务的选择。公平竞争的市场环境促使企业不断创新，推出更多优质的产品和服务。消费者在市场上能够享受到更加丰富多样的产品和服务选择，满足不同层次、不同需求的消费偏好。例如，在旅游市场，随着市场竞争的加剧，旅游企业不断推出各种个性化的旅游产品和服务。除了传统的跟团游产品外，还出现了自由行、定制游、主题游等多种新型旅游产品。消费者可以根据自己的兴趣爱好、时间安排和预算等因素，选择适合自己的旅游产品和服务，旅游体验得到了极大提升。

产品价格的降低。竞争的加剧使得企业为了吸引消费者，不得不降低产品价格。在公平竞争的市场环境下，企业通过提高生产效率、降低成本等方式，将部分成本优势转化为价格优势，让利给消费者。例如，在智能手机市场，随着各大手机厂商之间的竞争日益激烈，手机价格逐渐趋于合理。一些中低端智能手机的价格甚至降到了千元以下，使得更多消费者能够享受到智能手机带来的便利。同时，产品价格的降低也促进了消费市场的繁荣，进一步拉动了经济增长。

综上所述，公平竞争的市场环境在新型生产关系中具有不可替代的重要地位。通过消除行业壁垒，政府能够为各类市场主体创造公平竞争的机会，进而激发市场主体的创新活力和竞争意识，促进资源的优化配置，提升消费者福利，最终推动整个经济社会的持续健康发展。

第二节 开放合作与国际化，拓展利益共享的广阔空间

在经济全球化的时代背景下，开放合作与国际化已成为新型生产关系的重要特征，更是实现利益共享的关键途径。随着全球经济联系日益紧密，商品、资本、技术和人员等要素在全球范围内加速流动，世界各国经济相互依存度不断提高。在这样的大趋势下，鼓励企业积极参与国际分工与合作，充分利用国际资源，对于推动产业升级和国际化进程，实现互利共赢的目标具有不可估量的意义。

一、企业参与国际分工与合作的重要性及方式

参与国际分工与合作，能让企业充分发挥自身的比较优势，在全球产业链中精准定位。不同国家和地区在资源、技术、劳动力等方面存在显著差异。通过国际分工与合作，企业得以将生产环节布局在具有相应优势的地区，实现资源的优化配置。以发达国家和发展中国家为例，发达国家通常在技术研发和高端制造方面具备强大优势，其拥有先进的科研设施、高

素质的科研人才以及完善的创新体系，能够在前沿技术领域不断取得突破，开发出具有高附加值的产品和技术。而一些发展中国家则在劳动力成本和资源方面占据优势，丰富且相对廉价的劳动力资源，以及得天独厚的自然资源储备，为生产加工环节提供了有利条件。

发达国家的企业常常将研发和核心制造环节留在国内，利用本国的技术和人才优势，保持对核心技术和高端产品的掌控。同时，将生产加工环节转移到发展中国家，借助当地的劳动力成本优势和资源优势，降低生产成本。例如，苹果公司作为全球知名的科技企业，其产品的研发设计主要在美国本土进行，那里汇聚了顶尖的工程师和设计师，能够不断推出引领全球科技潮流的创新产品。而产品的组装生产环节则大量外包给中国、印度等发展中国家的企业，这些国家丰富的劳动力资源满足了苹果大规模生产的需求，有效降低了生产成本。这种国际分工与合作模式，不仅降低了企业的生产成本，提高了生产效率，还促进了不同国家和地区之间的经济交流与合作。

企业参与国际分工与合作的方式多种多样。除了上述的生产环节转移外，国际分工与合作还可以通过建立跨国战略联盟来实现。企业之间可以基于共同的战略目标，在技术研发、市场开拓、生产制造等方面开展合作。例如，在汽车行业，一些跨国汽车企业为了应对日益严格的环保法规和激烈的市场竞争，纷纷建立战略联盟。丰田公司与马自达公司在技术研发上展开合作，共同开发新能源汽车技术和先进的发动机技术。通过合作，双方可以共享研发资源，分摊研发成本，缩短研发周期，提高研发效率。同时，在市场开拓方面，双方可以利用各自在不同地区的销售网络和品牌影响力，共同推广合作研发的产品，扩大市场份额。

此外，企业还可以通过并购海外企业的方式参与国际分工与合作。通过并购，企业能够快速获取目标企业的技术、品牌、市场渠道等资源，迅速进入国际市场，提升自身在全球产业链中的地位。例如，吉利汽车对沃尔沃汽车的并购堪称经典案例。吉利汽车通过并购沃尔沃汽车，不仅获得了沃尔沃先进的汽车制造技术和研发团队，还借助沃尔沃的品牌影响力，提升了自身的品牌形象，成功拓展了国际市场。同时，吉利汽车与沃尔沃汽车在技术研发、生产制造等方面展开深度合作，实现了协同发展，推动了双方在全球汽车产业中的竞争力提升。

二、充分利用国际资源为企业发展开拓广阔空间

充分利用国际资源，能为企业的发展提供更为广阔的空间。企业可以通过引进国外先进的技术、设备和管理经验，有效提升自身的技术水平和管理能力。在当今科技飞速发展的时代，技术更新换代的速度越来越快。企业如果仅仅依靠自身的力量进行技术研发，往往难以跟上技术发展的步伐。通过引进

国外先进技术，企业可以站在巨人的肩膀上，快速提升自身的技术实力。例如，我国的一些制造业企业，在发展初期技术水平相对较低，产品质量和技术含量难以与国际先进水平竞争。通过引进国外先进的生产设备和技术，这些企业得以对自身的生产工艺进行升级改造。同时，企业还积极学习国外先进的管理经验，对企业的组织架构、生产流程、质量管理等方面进行优化。通过消化吸收再创新，这些企业不仅提升了产品的质量和技术含量，还逐渐形成了自身的核心竞争力。其产品不仅在国内市场畅销，还成功出口到国际市场，实现了产业升级和国际化发展。

在引进国外先进技术和设备的过程中，企业需要注重消化吸收再创新。企业不能仅仅满足于引进技术，还要深入研究技术的原理和应用，结合自身的实际情况进行创新改进。例如，我国的高铁技术最初是由国外引进的，但并没有简单地照搬照抄，而是组织了大量的科研人员进行技术攻关。通过对引进技术的消化吸收再创新，我国成功掌握了高铁的核心技术，实现了高铁技术的国产化，并在此基础上不断进行技术升级和创新。如今，我国的高铁技术已经处于世界领先水平，不仅在国内大规模建设高铁网络，还将高铁技术出口到多个国家，成为我国高端制造业的一张亮丽名片。

企业还可以利用国际市场，拓展产品销售渠道，提高市场份额。随着经济全球化的深入发展，国际市场的规模不断扩大，消费者的需求也日益多样化。企业通过开拓国际市场，能够接触到更广泛的客户群体，将自身的产品推向全球。例如，我国的一些家电企业，如海尔、美的等，通过在海外市场建立销售网络，开展品牌推广活动，将产品销售到世界各地。这些企业在开拓国际市场的过程中，注重了解当地消费者的需求和文化差异，根据不同市场的特点进行产品研发和营销策略调整。例如，海尔针对不同国家和地区消费者的使用习惯，开发出了具有不同功能和外观设计的家电产品。在欧洲市场，海尔推出了适合小户型家庭使用的紧凑型家电产品；在非洲市场，海尔则根据当地的用电环境和消费者需求，开发出了具有更强适应性的家电产品。通过这种本地化的策略，海尔成功在国际市场上站稳了脚跟，提高了市场份额。

此外，企业还可以通过参与国际展会、电子商务平台等方式拓展国际市场。国际展会是企业展示自身产品和技术的重要平台，能够吸引来自全球各地的采购商和合作伙伴。企业通过参加国际展会，可以与潜在客户进行面对面的交流，了解市场需求和行业动态，推广自身的品牌和产品。例如，每年在德国汉诺威举办的工业博览会，吸引了全球众多工业企业参展。我国的一些制造业企业通过参加该展会，向世界展示了我国制造业的最新成果和技术水平，与众多国际企业建立了合作关系，拓展了国际市场。同时，随着电子商务的快速发展，越来越多的企业通过跨境电商平台开展国际贸易。企业可以在跨境电商平台上开设店铺，展示和销售产品，突破传统贸易的地域限制，降低营销成本，提高交易效率。例如，阿里巴巴集团的全球速卖通平台，为全球中小企业提供了一个便捷的跨境电商交易平台，帮助众多中国企业将产品销售到世界各地。

三、开放合作与国际化促进产业协同发展和创新

开放合作与国际化，能够有力促进产业的协同发展和创新。在国际合作的过程中，企业之间可以开展技术交流、联合研发等活动，共同攻克技术难题，推动产业技术的进步。以新能源汽车领域为例，随着全球对环境保护和可持续发展的关注度不断提高，新能源汽车产业迎来了快速发展的机遇。然而，新能源汽车产业的发展面临着诸多技术难题，如电池技术、自动驾驶技术等。各国企业通过合作研发，共同推动了这些关键技术的发展。例如，在电池技术方面，特斯拉、松下等企业通过合作研发，不断提高电池的能量密度、续航里程和安全性。特斯拉公司在电池管理系统方面具有先进的技术，而松下公司在电池制造工艺方面具有优势。双方通过合作，将各自的优势技术进行整合，开发出了性能更优异的电池产品，推动了新能源汽车续航里程的大幅提升。

在自动驾驶技术方面，谷歌、百度等科技企业与传统汽车制造企业展开了广泛的合作。谷歌的 Waymo 项目在自动驾驶算

法和传感器技术方面处于领先地位，而传统汽车制造企业则在汽车底盘控制、车身制造等方面具有丰富的经验。双方通过合作，将各自的技术优势相结合，共同推进自动驾驶技术的研发和应用。例如，宝马与英特尔、网络之眼（Mobileye）公司合作，共同开发自动驾驶技术。通过合作，三方整合了各自在汽车制造、芯片研发和视觉识别技术方面的优势资源，加快了自动驾驶技术的研发进程，推动了新能源汽车产业的快速崛起。

产业的协同发展和创新还体现在产业链上下游企业之间的合作。在开放合作与国际化的背景下，产业链上下游企业之间的联系更加紧密。例如，在智能手机产业中，芯片制造商、屏幕供应商、摄像头模组厂商等上游企业与手机品牌厂商之间通过合作，共同推动了智能手机产业的发展。芯片制造商不断研发更先进的芯片，提高手机的运算速度和性能；屏幕供应商开发出更高分辨率、更节能的屏幕，提升手机的显示效果；摄像头模组厂商则致力于提高手机摄像头的拍摄质量。手机品牌厂商通过整合这些上游企业的先进技术和产品，推出具有更高性能和竞争力的智能手机产品。这种产业链上下游企业之间的协同合作，不仅促进了产业技术的进步，还推动了整个产业的升级和发展。

此外，开放合作与国际化还能够促进产业集群的形成和发展。产业集群是指在特定领域中，大量相互关联的企业、专业化供应商、服务提供商、相关产业的企业和机构（如大学和行业协会等）在地理上的集中。在开放合作的环境下，企业为了获取更多的资源和市场机会，往往会选择在具有产业优势的地区集聚。例如，美国的硅谷是全球著名的高科技产业集群，这里汇聚了众多世界顶尖的科技企业，如苹果、谷歌、英特尔等。这些企业在硅谷集聚，形成了完善的产业链和创新生态系统。企业之间通过技术交流、人才流动、合作研发等方式，实现了资源共享和优势互补，共同推动了信息技术、生物科技等高科技产业的发展。在我国，也形成了一些具有国际影响力的产业集群，如深圳的电子信息产业集群、浙江的纺织服装产业集群等。这些产业集群通过开放合作与国际化，不断提升自身的竞争力，在全球产业链中占据了重要地位。

综上所述，在经济全球化的时代浪潮中，开放合作与国际化对于企业和产业的发展具有至关重要的意义。企业通过参与国际分工与合作，充分利用国际资源，能够实现自身的发展壮大和产业升级。同时，开放合作与国际化还能够促进产业的协同发展和创新，推动全球经济的繁荣与进步。因此，各国政府和企业应积极顺应经济全球化的趋势，加强开放合作，共同营造良好的国际经济环境，实现互利共赢的发展目标。在未来的发展中，随着科技的不断进步和经济全球化的深入推进，开放合作与国际化将展现出更为强大的活力和潜力，为世界经济的发展注入新的动力。

第三节
基于区块链技术，改善收入分配

收入分配不均一直是全球经济发展中的重要问题，影响着社会的公平正义和经济的可持续发展。传统经济模式下，收入分配不均的问题较为突出，贫富差距较大，这不仅影响了社会的和谐稳定，还制约了经济的长期增长。高收入群体与低收入群体之间的收入差距，导致了社会资源的分配不公，进而引发了一系列社会问题，如贫困、教育不平等、医疗资源不均等。因此，改善收入分配，实现社会和谐与共同富裕，已成为全球各国政府和经济学家关注的焦点。

随着科技的不断进步，区块链技术作为一种新兴的分布式账本技术，逐渐引起了广泛关注。区块链技术以其去中心化、透明性和不可篡改性的特性，被认为具有革命性的潜力，能够应用于金融、供应链、医疗等多个领域。在收入分配领域，区块链技术同样展现出巨大的应用前景。通过区块链技术，可以实现更加公平、透明和高效的收入分配机制，减少中间环节的干预和腐败，提升资源配置的效率。此外，区块链技术还能够通过智能合约自动执行分配规则，确保收入分配的公正性和及时性。

一、传统收入分配模式的问题

在传统经济模式下，收入分配不均的问题较为突出，贫富差距较大，这不仅影响了社会的公平正义，也制约了经济的可持续发展。高收入群体与低收入群体之间的收入差距，导致了社会资源的分配不公，进而引发了一系列社会问题，如贫困、教育不平等、医疗资源不均等。传统收入分配模式的问题主要体现在以下几个方面。

首先，收入分配不均是传统经济模式下的一个显著问题。在市场经济中，收入分配主要依赖于市场机制，但由于市场机制的不完善和信息不对称，导致收入分配不均的现象较为普遍。高收入群体往往能够通过资本积累和资源垄断获取更多的收入，而低收入群体则由于缺乏资源和机会，收入增长缓慢，导致贫富差距不断扩大。

其次，传统收入分配模式中存在信息不对称和透明度不足的问题。在传统的收入分配过程中，信息的传递和共享往往受到限制，导致分配过程缺乏透明度。这种信息不对称不仅影响了收入分配的公平性，也为腐败和权力寻租提供了空间。例如，在一些国家和地区，政府和企业之间的利益输送、贪污腐败等问题严重，导致公共资源的分配不公，进一步加剧了收入分配不均的问题。

再次，传统收入分配模式还面临着效率低下的问题。在传统的收入分配过程中，往往需要经过多个中间环节，这些中间环节不仅增加了分配的成本，还降低了分配的效率。例如，在社会保障和福利分配中，由于中间环节的烦琐和复杂，导致资源的分配效率低下，无法及时有效地惠及需要帮助的人群。

最后，传统收入分配模式还存在着制度性障碍。在一些国家和地区，由于制度设计的不合理和政策执行的不力，导致收入分配不均的问题长期得不到有效解决。例如，税收制度的不完善、社会保障体系的不健全等问题，都制约了收入分配的公平性和效率。

综上所述，传统收入分配模式存在着收入分配不均、信息不对称、透明度不足、效率低下和制度性障碍等问题。这些问题不仅影响了社会的公平正义，也制约了经济的可持续发展。因此，探索新的收入分配模式，利用新兴技术改善收入分配，已成为当前经济发展的重要课题。

二、区块链技术在收入分配中的应用场景

区块链技术在收入分配领域的应用场景广泛，涵盖了多个方面，包括智能合约、去中心化自治组织（DAO）、透明性和可追溯性等。这些应用场景不仅能够提升收入分配的公平性和效率，还能够增强系统的透明性和可信度。

首先，智能合约是区块链技术在收入分配中的重要应用

之一。智能合约是一种自动执行的合约，能够在满足预设条件时自动执行相应的操作。在收入分配中，智能合约可以用于自动执行分配规则，确保收入分配的公正性和及时性。例如，在企业利润分配中，智能合约可以根据预设的分配比例，自动将利润分配给股东、员工和其他利益相关者，避免了人为干预和操作风险。此外，智能合约还可以用于社会保障和福利分配，自动将福利资金分配给符合条件的受益人，提高了分配的效率和准确性。

其次，去中心化自治组织是区块链技术在收入分配中的另一重要应用。去中心化自治组织是一种基于区块链技术的组织形式，通过智能合约和共识机制实现组织的自治和管理。在收入分配中，去中心化自治组织可以用于实现去中心化的分配机制，减少中间环节的干预和腐败。例如，在公益慈善领域，去中心化自治组织可以用于实现透明和公正的资金分配，确保捐赠资金能够直接惠及需要帮助的人群。此外，去中心化自治组织还可以用于企业内部利润分配，通过智能合约和共识机制实现公平和透明的利润分配，增强员工的参与感和信任度。

再次，透明性和可追溯性是区块链技术在收入分配中的另一重要应用场景。区块链技术通过去中心化的数据存储和共识机制，确保了数据的透明性和不可篡改性。在收入分配中，区块链技术可以用于实现透明的分配过程，确保所有参与者都能够查看和验证分配的真实性。例如，在政府补贴和福利分配中，区块链技术可以用于记录和追踪每一笔资金的流向，确保资金能够准确无误地分配给符合条件的受益人。此外，区块链技术还可以用于企业内部的薪酬分配，通过透明的分配记录，增强员工的信任感和满意度。

最后，区块链技术还可以用于实现跨境的收入分配。在全球化背景下，跨境收入分配面临着汇率波动、支付成本高和透明度不足等问题。区块链技术通过去中心化的支付网络和智能合约，可以实现高效、低成本和透明的跨境收入分配。例如，在国际贸易中，区块链技术可以用于实现自动化的支付和结算，确保交易双方能够及时、准确地收到款项。此外，区块链技术还可以用于国际援助和慈善捐赠，通过透明的资金流向记录，增强捐赠者的信任感和参与度。

三、区块链技术改善收入分配的优势

区块链技术在改善收入分配方面具有显著优势，主要体现在去中心化、透明性、智能合约和安全性等方面。这些优势不仅能够提升收入分配的公平性和效率，还能够增强系统的透明性和可信度。

首先，去中心化是区块链技术的核心优势之一。传统的收入分配模式往往依赖于中心化的机构或中介，这些机构在分配过程中可能存在不透明、不公正甚至腐败的问题。区块链技术通过去中心化的方式，消除了中介角色，使得收入分配可以在多个节点之间直接进行，从而提高了系统的安全性和抗攻击能力。去中心化的特性确保了收入分配过程的公正性和透明度，减少了人为干预和操作风险。

其次，透明性是区块链技术的另一重要优势。区块链上的所有交易记录都是公开可查的，任何人都可以查看和验证交易的真实性。这种透明性不仅增强了信任，还减少了欺诈行为的发生。在收入分配中，透明性确保了所有参与者都能够查看和验证分配的真实性，从而增强了系统的可信度。例如，在政府补贴和福利分配中，区块链技术可以用于记录和追踪每一笔资金的流向，确保资金能够准确无误地分配给符合条件的受益人。

再次，智能合约是区块链技术在收入分配中的另一重要优势。智能合约是一种自动执行的合约，能够在满足预设条件时自动执行相应的操作。在收入分配中，智能合约可以用于自动执行分配规则，确保收入分配的公正性和及时性。例如，在企业利润分配中，智能合约可以根据预设的分配比例，自动将利润分配给股东、员工和其他利益相关者，避免了人为干预和操作风险。此外，智能合约还可以用于社会保障和福利分配，自动将福利资金分配给符合条件的受益人，提高了分配的效率和准确性。

最后，安全性是区块链技术的另一重要优势。区块链技术通过密码学方法和共识机制，确保了数据的安全性和不可篡改性。在收入分配中，安全性确保了分配过程的可靠性和数据的完整性。例如，在企业内部的薪酬分配中，区块链技术可以用于记录和存储薪酬数据，确保数据的安全性和不可篡改性，增强了员工的信任感和满意度。

四、区块链技术改善收入分配的具体案例

区块链技术在改善收入分配方面的应用已经取得了一些具体的成果，以下是一些典型的案例。

智能合约在企业利润分配中的应用。某大型跨国企业利用区块链技术，通过智能合约自动执行利润分配规则。该企业将利润分配比例预先设定在智能合约中，当企业赢利时，智能合约会自动将利润分配给股东、员工和其他利益相关者。这种方式不仅避免了人为干预和操作风险，还提高了分配的效率和准确性。通过区块链技术的透明性和不可篡改性，所有参与者都可以查看和验证分配的真实性，增强了参与者的信任感和满意度。

去中心化自治组织在公益慈善领域的应用。某国际慈善组织利用区块链技术，建立了一个去中心化的自治组织，用于透明和公正的资金分配。捐赠者可以通过区块链平台查看每一笔捐赠资金的流向，确保资金能够直接惠及需要帮助的人群。

智能合约自动执行资金分配规则，确保资金能够及时、准确地分配给符合条件的受益人。这种方式不仅提高了资金分配的透明度和效率，还增强了捐赠者的信任感和参与度。

区块链技术在政府补贴和福利分配中的应用（图 7–2）。某国政府利用区块链技术，建立了一个透明的补贴和福利分配系统。每一笔补贴和福利资金的流向都被记录在区块链上，确保资金能够准确无误地分配给符合条件的受益人。通过区块链技术的透明性和可追溯性，政府和社会公众都可以查看和验证资金分配的真实性，减少了腐败和权力寻租的空间。此外，智能合约自动执行分配规则，提高了分配的效率和准确性。

区块链技术在企业内部薪酬分配中的应用。某科技公司利用区块链技术，建立了一个透明的薪酬分配系统。员工的薪

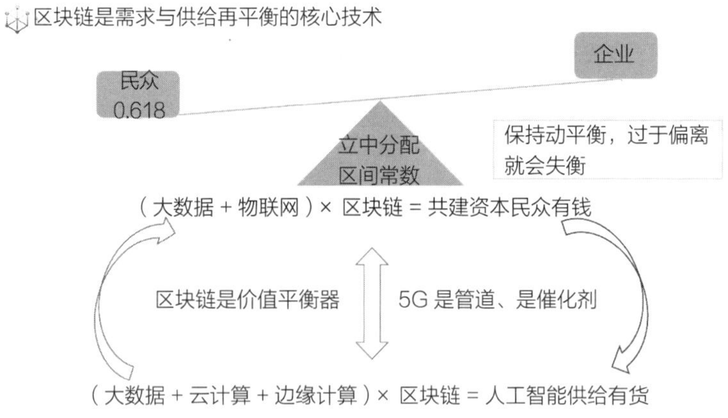

图 7–2　基于区块链技术改善收入分配的“立中分配区间常数”

注：本书作者李立中院士的重要理论。

酬数据被记录在区块链上，确保数据的安全性和不可篡改性。通过区块链技术的透明性，员工可以查看和验证自己的薪酬数据，增强了员工的信任感和满意度。此外，智能合约自动执行薪酬分配规则，确保薪酬能够及时、准确地发放给员工，提高了分配的效率和公正性。

综上所述，这些具体案例为区块链技术在收入分配领域的应用提供了有价值的参考和借鉴。

第四节
推进社会和谐与共同富裕，实现利益共享的终极目标

社会和谐与共同富裕，是新型生产关系的根本出发点和落脚点，也是利益共享的终极目标。新型生产关系关注社会和谐与共同富裕，通过改善收入分配、促进就业、提高社会福利等措施，实现社会的平衡发展。

改善收入分配，是实现社会和谐与共同富裕的关键环节。在传统经济模式下，收入分配不均的问题较为突出，贫富差距较大。高收入群体与低收入群体之间的收入差距，不仅影响了社会的公平正义，也制约了经济的可持续发展。在新型生产关系下，政府通过税收政策、社会保障制度等手段，调节收入分配，缩小贫富差距。政府加大对高收入群体的税收调节力度，提高个人所得税的累进税率，对高收入者征收更多的税收。同

时，政府加大对低收入群体的扶持力度，提高最低工资标准，完善社会保障体系，为低收入群体提供基本的生活保障。例如，我国实施的精准扶贫政策，通过产业扶贫、教育扶贫、健康扶贫等措施，帮助贫困地区的贫困人口脱贫致富，缩小了城乡之间、地区之间的收入差距。

促进就业，是实现社会和谐与共同富裕的重要保障。就业是民生之本，只有实现充分就业，人们才能获得稳定的收入来源，提高生活水平。在新型生产关系下，政府通过实施积极的就业政策，鼓励企业扩大就业规模，创造更多的就业岗位。政府加大对中小企业的扶持力度，为中小企业提供贷款贴息、税收减免等优惠政策，促进中小企业的发展壮大，吸纳更多的劳动力就业。同时，政府还加强职业技能培训，提高劳动者的就业能力和素质，满足企业对高素质劳动力的需求。例如，我国开展的大规模职业技能培训行动，为下岗职工、农民工等群体提供了丰富的职业技能培训课程，帮助他们提升就业能力，实现稳定就业。

提高社会福利，是实现社会和谐与共同富裕的重要体现。社会福利的提高，能够让人们享受到更好的教育、医疗、养老等公共服务，提高生活质量。在新型生产关系下，政府加大对社会福利事业的投入，完善公共服务体系。政府加大对教育的投入，改善教育基础设施，提高教育质量，让更多的人能够接受优质的教育。政府加大对医疗卫生事业的投入，完善医疗卫生服务体系，提高医疗保障水平，让人们能够享受到更好的医疗服务。例如，我国实施的基本医疗保险制度，覆盖了全体城乡居民，为人们提供了基本的医疗保障；同时，政府还在不断推进医疗卫生体制改革，提高医疗服务的效率和质量。

在现实经济生活中，许多国家和地区已经开始积极探索新型生产关系下的利益共享机制，并取得了显著的成效。例如，北欧国家以其完善的社会福利制度和公平的收入分配体系而闻名于世。在北欧国家，政府通过高税收、高福利的政策，实现了社会的公平与和谐。政府对高收入群体征收高额的个人所得税，将税收收入用于社会福利事业，为全体公民提供免费的教育、医疗、养老等公共服务。同时，北欧国家注重培养公民的社会责任感和合作精神，鼓励企业和社会组织参与社会福利事业的建设。这种利益共享机制，不仅提高了公民的生活质量，也促进了社会的稳定和经济的可持续发展。

我国在构建新型生产关系、实现利益共享方面也进行了积极的探索和实践。在改革开放的过程中，我国逐步建立了社会主义市场经济体制，打破了传统的计划经济体制下的利益分配格局，激发了市场主体的活力。同时，我国政府高度重视社会公平与和谐，通过实施一系列政策措施，努力实现共同富裕。我国实施的西部大开发、中部崛起、东北振兴等区域协调发展战略，促进了区域之间的均衡发展，缩小了地区之间的差距。我国还大力推进脱贫攻坚工作，经过多年的努力，实现了近亿贫困人口脱贫，创造了举世瞩目的减贫奇迹。在收入分配方面，我国不断完善收入分配制度，提高劳动报酬在初次分配中的比重，加大再分配调节力度，促进了收入分配的公平合理。

新型生产关系下的利益共享机制，是推动新质生产力发展、实现社会和谐繁荣的关键所在。展望未来，随着新质生产力的不断发展和新型生产关系的逐步完善，利益共享机制将更加健全和优化，为经济社会的发展带来更加美好的前景。在公平竞争的市场环境下，市场主体的创新活力将得到充分激发，新技术、新产品、新商业模式将不断涌现，推动经济的持续增长和产业的升级换代。在开放合作与国际化的进程中，企业将在全球范围内实现资源的优化配置，拓展更广阔的市场空间，实现互利共赢。在社会和谐与共同富裕的目标引领下，收入分配将更加公平合理，就业机会将更加充分，社会福利将不断提高，人民的生活将更加幸福美好。

第三篇
新模式
PART 3

在这个瞬息万变的时代，一场静悄悄的革命正在重塑我们的经济版图。新质生产力的崛起，不仅带来了技术上的突破，更催生了一种全新的生产关系——一种能够孕育数权经济、共享经济、免费经济和共创经济的崭新模式。这些新模式不仅仅是经济形态的转变，更是人类社会发展的一次质的飞跃。

数权经济，作为新质生产力的产物，重新定义了数据的价值。在这个时代，数据不再是简单的信息，而是一种新的生产要素，拥有者可以通过数据的流通和交易获得收益。数权经济的核心在于数据的民主化和透明化，每个人都能成为数据的生产者和受益者，从而打破传统经济中信息不对称的壁垒。

共享经济，则是新质生产力在资源配置上的创新体现。通过技术平台，闲置资源得以高效利用，无论是车辆、住房还是技能，都可以在共享经济中找到新的价值。共享经济不仅提高了资源的使用效率，还促进了社会的协作与信任，形成了一种全新的经济生态。

免费经济，看似与传统经济逻辑背道而驰，实则是新质生产力在成本控制上的极致表现。通过技术的进步和规模效应，许多产品和服务可以以极低的成本甚至免费提供给用户。免费经济不仅降低了消费者的门槛，还通过增值服务和广告等模式，开辟了新的赢利渠道。

共创经济，则是新质生产力在社会公平上的终极追求。在这一模式下，生产资料和成果由全社会共同拥有和分配，消除了贫富差距，实现了真正的共同富裕。共创经济不仅仅是经济模式的变革，更是人类社会向更高阶段迈进的重要标志。

这些新模式的诞生，标志着新质生产力正在引领我们进入一个全新的经济时代。在这个时代，创新不再是少数人的专利，而是全社会的共同财富。新质生产力的发展，不仅需要技术的突破，更需要与之相适应的新型生产关系。只有构建起这样的生产关系，我们才能真正释放新质生产力的潜力，迎接一个更加公平、高效和可持续的未来。

第八章
数权经济

数权经济，作为新质生产力催生下的新型经济形态，利用分布式账本的区块链技术，构建了一个与真实世界平行共生的数字化权益世界。在这个全新的世界里，数据价值链条上的实体空间权益与数字空间权益实现了“一对一”映射，并且能够自由流转，最终实现数据价值的最大化（图 8–1）。

在数智时代，数据要素的非竞争性和非排他性为数权经济的诞生提供了肥沃的土壤。与传统生产要素不同，数据可以被多个主体同时使用，且不会因为使用而减少或损耗，这使得数据的权属和权益分配方式发生了根本性的变革。数权经济正是顺应了这一变革趋势，逐步崭露头角，并在未来的经济发展

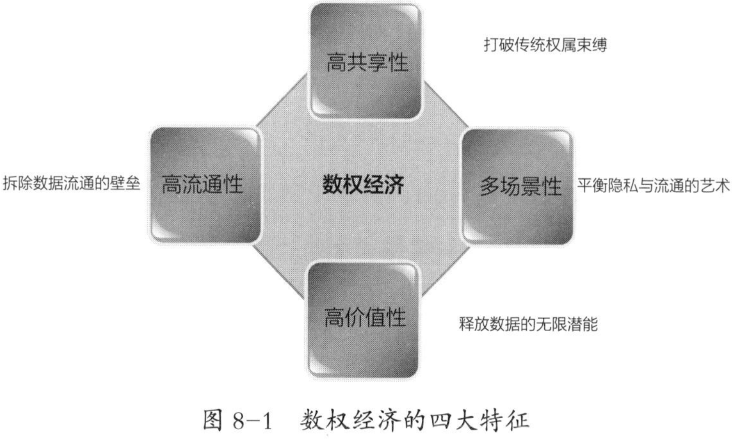

图 8–1　数权经济的四大特征

中占据主导地位。

◆ 高共享性：打破传统权属束缚

数权经济的高共享性特征，打破了传统“物权”定义中所有权和使用权的“二分法”约束。在传统经济模式下，物权的归属明确且排他，所有权和使用权往往紧密相连。然而，数据要素的独特性质要求我们跳出这一传统框架，弱化所有权，强化使用权。在区块链技术的支撑下，数据的处理、分析、应用和流转过程都被清晰记录，每个参与主体在数据价值链中的贡献都能得到准确衡量，并据此进行“按劳分配”数据权益。

想象一下，在一个全球性的科研数据共享平台上，来自不同国家、不同研究机构的科研人员可以共同使用和分析同一组数据。区块链技术就像一个公正的“记账员”，它详细记录了每个科研人员对数据的处理步骤、分析方法以及应用成果，根据这些贡献，合理分配数据带来的科研成果权益和经济收益。这样一来，数据就发挥了其共有的“公物”属性，促进了不同主体之间基于数据价值链的价值共创和价值共享。在这个平台上，数据不再属于某一个特定的主体，而是形成了“一数多主”“一数多权”的局面，实现了链上数据权益主体间的激励相容，避免了数据产权模糊可能带来的各种问题，就像避免了一片公共草地因产权不明而被过度放牧导致的“公地悲剧”，让数据在共享中创造出更大的价值。

◆ 高流通性：拆除数据流通的壁垒

数权经济的高流通性特征，让数据在不同主体、不同领域之间实现了自由穿梭。在传统经济中，数据往往被各个企业、行业所垄断，形成了一个个“数据孤岛”，数据的流通和共享受到极大限制。而数权经济通过明确数据权属和合理分配数据权益，为数据的流通和使用搭建了畅通的桥梁。

以金融行业为例，在数权经济模式下，银行、证券、保险等金融机构可以在保障数据安全和合规的前提下，实现数据的共享和流通。通过整合不同金融机构的数据，我们可以更全面地评估客户的信用状况，为客户提供更精准的金融服务。比如，一家银行可以获取客户在其他金融机构的借贷记录、投资行为等数据，从而更准确地判断客户的还款能力和风险偏好，为其提供更合适的贷款额度和利率。这种数据的“拆墙”和“打通”，不仅促进了金融行业内部的协同发展，还为整个经济体系的稳定运行提供了有力支持。数据在不同机构之间实现了“多对多”无界共享、无界流通和无界应用，激发了市场的活力和创新能力。

◆ 多场景性：平衡隐私与流通的艺术

在数权经济中，多场景性是一个重要特征。随着数字化进程的加速，个人在不同场景下对数据的授权是分级分类动态变化的，形成了“一场景一授权”的模式。这就要求企业在数据流通过程中，必须充分平衡数据隐私和数据流通的诉求，实现“场景公正”。

以移动支付为例，当我们使用手机支付购买商品时，支付平台需要获取我们的部分个人信息，如姓名、支付金额、银行卡信息等。在这个场景下，我们会根据对支付平台的信任程度和支付的安全性需求，对这些信息进行有针对性的授权。支付平台在获取这些信息后，必须严格遵守相关法律法规和隐私政策，确保我们的数据安全。同时，在其他场景下，如使用手机打车、预订酒店等，我们对数据的授权范围和方式又会有所不同。企业需要根据不同场景下用户的授权情况，合理使用和流通数据，既要满足用户的服务需求，又要保护用户的隐私安全。这种多场景下的数据授权和流通模式，使得数权经济能够在保护个人隐私的前提下，充分发挥数据的价值，实现数据的高效流通。

◆ 高价值性：释放数据的无限潜能

数权经济的高价值性特征，体现在它能够将企业的点状数据和行业的条状数据进行无限组合、无限聚合和无限迭代，形成具有高价值密度的块状数据。通过发挥数据的网络效应，这些块状数据能够在交通、医疗、教育、司法等多个领域实现无限应用，最大限度地释放数据价值，实现数据资源向数据资产和数据资本的价值跨越。

在医疗领域，数权经济的高价值性得到了充分体现。通过整合患者的病历数据、基因数据、检查报告数据等，医疗机构可以建立全面的患者健康档案。这些数据经过分析和挖掘，能够为医生提供更准确的诊断依据，制订更个性化的治疗方案。同时，这些数据还可以用于医学研究，推动医学的进步和发展。例如，研究人员可以通过对大量患者的基因数据进行分析，寻找某些疾病的遗传标记，为疾病的早期诊断和治疗提供新的方法。

在交通领域，通过整合交通流量数据、车辆行驶轨迹数据、道路状况数据等，我们可以实现智能交通管理，优化交通信号灯设置，减少交通拥堵，提高交通效率。

数权经济的实践案例：罗布乐思的创新探索

罗布乐思（Roblox）作为数权经济的一个典型实践案例，为我们展示了数权经济在实际应用中的巨大潜力和创新模式。罗布乐思是一个全球知名的在线游戏创作和分享平台，拥有庞大的用户群体，其2亿用户中有800万的创作者。

罗布乐思引入了与开发者的分账制度，即用户的币权制度，这一制度彻底打破了原来的利益分配模型。在罗布乐思的经济系统中，发行了一种名为萝卜币（Robux）的货币，它既可以在平台内部流通，也可以和美元等主权货币进行双向兑换。玩家可以使用萝卜币购买游戏中的角色装饰，如帽子、武器、热气球等，以及其他游戏道具。而创作者则可以根据自己提供的游戏体验、基于用户参与度贡献的创作者奖励和数字配件获得萝卜币。创作者还可以使用自己赚取的萝卜币，购买平台的竞价广告位或是其他创作者的开发资源。

这种数权制度的建立，充分体现了数权经济的高共享性和高价值性特征。在罗布乐思平台上，创作者和玩家之间形成了一种互利共赢的关系。创作者通过创作优质的游戏内容，吸引玩家参与，从而获得相应的经济收益；玩家则通过购买游戏道具和参与游戏，为创作者提供了经济支持，同时也获得了更好的游戏体验。这种基于数权制度的经济模式，激发了创作者的创新活力，丰富了游戏内容，吸引了更多的用户加入，形成了一个良性循环的生态系统。

从罗布乐思的案例中，我们可以看到数权经济背后价值观的深刻转变。从资金资本主义到人才资本主义再到用户资本主义，用户正逐渐成为未来大部分经济体最大的价值创造者。在用户资本主义时代，如何与用户分钱成了企业面临的重要问题。罗布乐思通过建立定价股权，将用户的贡献，包括消费资产、创作者资产、社交资产等，都纳入价值分配体系中。这种做法不仅激励了用户积极参与平台的建设和发展，也为企业的长期发展奠定了坚实的用户基础。

数权经济作为新质生产力催生下的新型经济形态，具有广阔的发展前景。随着区块链技术的不断完善和普及，数权经济将在更多领域得到应用和发展。未来，无论是传统产业的数字化转型，还是新兴产业的创新发展，数权经济都将发挥重要作用。在金融领域，数权经济将推动金融服务的创新和升级。通过数权制度，金融机构可以更准确地评估客户的信用状况，提供更个性化的金融产品和服务。同时，数权经济还将促进金融市场的互联互通，提高金融资源的配置效率。在教育领域，数权经济将为个性化教育提供支持。通过对学生学习数据的分析和挖掘，教育机构可以了解每个学生的学习特点和需求，为其提供量身定制的学习方案，实现教育的精准化和高效化。

第九章
共享经济

在新质生产力的蓬勃发展中，共享经济作为一种新型的经济模式应运而生。它与工业时代基于所有权规则构建的独占经济截然不同，数智时代的共享经济是基于使用权规则构建的，以“共享使用”代替“独占所有”，这种全新的理念和模式正深刻地改变着经济运行的方式和人们的生活（图 9–1）。

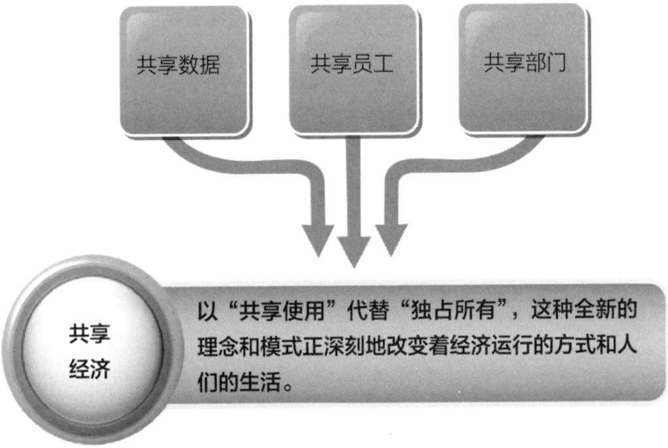

图 9–1　共享经济的三大范围

◆ 共享数据：挖掘数据价值的宝藏

在数智时代，数字基础设施的高度互联互通互享，为数智技术的发展提供了坚实的基础，也为数据的互联互通互享创造了条件。数据，作为新质生产力的关键生产要素，正逐渐成为企业发展的核心资产。

企业可以通过对数据的有效利用，将原本作为成本部门的 IT 中心转变为数据中心的利润部门。通过大数据分析技术，企业能够深入挖掘数据背后的价值，为企业的决策提供有力支持。例如，一家零售企业通过分析消费者的购买数据，了解消费者的偏好和购买习惯，从而优化商品的采购和陈列，提高销售额。同时，企业还可以利用数智技术，以近乎零成本聚合碎片化、零散化的数据资源。这些分散在各个角落的数据，通过数智技术的整合，实现了大规模、宽领域、全范围的集聚，增强了数据的广度、深度和维度。

以交通领域为例，通过整合城市交通流量数据、车辆行驶轨迹数据、公交地铁运营数据等，城市管理者可以实现智能交通调度，优化交通信号灯设置，减少交通拥堵，提高交通效率。这些共享数据的应用，不仅为企业带来了新的商业机会，也为社会创造了更大的价值，实现了共享数据的价值创造。

◆ 共享员工：打造灵活高效的人力资源配置

数智技术群的快速发展，使得员工与企业之间的关系发生了深刻变化，员工的单位从属性逐渐减弱。在这种背景下，员工部分依赖自身的生产资料，在工作时间、地点、内容和报酬上拥有了更大的灵活性。共享员工成了数智时代的一种常态，为企业和员工带来了双赢的局面。

对于企业来说，共享员工模式具有诸多优势。企业可以利用数字平台整合社会劳动资源，根据业务的波峰和波谷灵活调整用工需求。在业务繁忙时，企业可以通过数字平台迅速招募到所需的临时员工，满足业务需求；而在业务淡季，企业则可以减少用工数量，降低人力成本。这种灵活的用工模式，使得企业能够形成人力资源极具可塑性的“液态组织”，实现人力资源配置效率的最大化。

例如，一些电商企业在购物节期间，订单量会大幅增长，此时企业可以通过共享员工平台，从其他行业或企业招募临时员工，充实客服、仓储、物流等岗位，确保订单能够及时处理和配送。而在购物节过后，这些临时员工又可以回到原来的岗位或寻找其他短期工作机会。

此外，共享员工模式还可以帮助企业降低用工成本。在传统的终身契约和长期契约用工模式中，企业需要承担员工的各种福利和保障，用工成本较高。而共享员工模式下，企业可以采用即时契约和短期契约的“按需劳动”方式，根据实际工作任务和时间支付报酬，避免了长期用工带来的固定成本支出，实现了降本增效、提质增值，助力企业“轻资产”运营。

◆ 共享部门：优化企业成本结构的利器

新型基础设施的发展，打破了信息壁垒，使得市场交易成本极低，甚至为零。在这种情况下，基于对使用权的追求，企业开始倾向于组建共享部门，将非核心部门或劣势部门置于企业外部，通过“外包”“众包”等方式，实现资源的优化配置，降低企业整体成本。

例如，许多企业将人力资源管理、财务管理、客户服务等非核心部门的部分业务外包给专业的服务机构。这些专业机构具有丰富的经验和专业的团队，能够为企业提供高效、优质的服务，同时企业可以节省大量的人力、物力和财力。以客户服务为例，一些企业将客服业务外包给专业的客服公司，这些公司通过集中管理和规模化运营，能够降低客服成本，提高服务质量。企业只需根据业务量支付相应的费用，无须承担客服人员的招聘、培训、管理等成本。

此外，众包模式也为企业提供了更多的选择。企业可以将一些特定的任务，如产品设计、市场调研、软件开发等，通过众包平台发布给全球范围内的个人或团队。这些参与者可以根据自己的兴趣和能力选择任务，完成后获得相应的报酬。通过众包模式，企业可以充分利用全球的智力资源，降低研发成本，提高创新效率。

共享经济的发展，不仅改变了企业的运营模式和资源配置方式，更对新质生产力的形成和发展起到了关键的推动作用（图 9–2）。

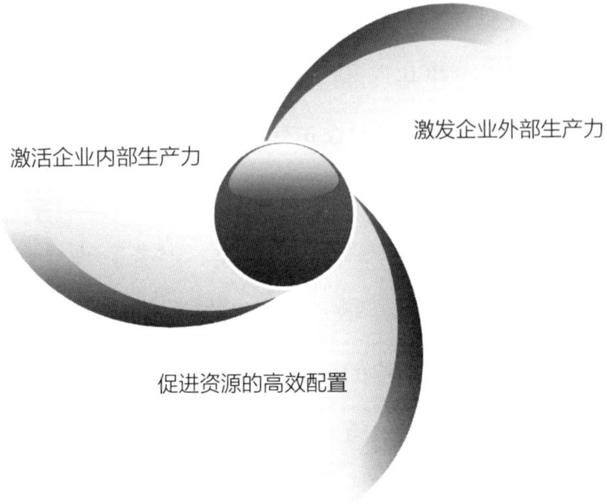

图 9-2　共享经济的三大意义

一、激活企业内部生产力

共享经济模式促使企业更加注重内部资源的优化配置和创新能力的提升。通过共享数据，企业能够深入了解市场需求和自身运营状况，优化生产流程，提高生产效率。共享员工模式则激发了员工的积极性和创造力，员工可以根据自己的兴趣和特长选择工作任务，实现自我价值的最大化。同时，共享部门模式使得企业能够将更多的资源和精力集中在核心业务上，提升核心竞争力。

例如，一家科技企业通过共享数据，分析用户对产品的反馈和需求，及时调整产品研发方向，推出了更符合市场需求的产品，提高了市场占有率。在共享员工模式下，企业内部的跨部门协作更加顺畅，不同专业背景的员工可以共同参与项目，激发了创新思维，为企业带来了更多的创新成果。

二、激发企业外部生产力

共享经济打破了企业之间的边界，促进了企业之间的合作与协同发展。通过共享数据和共享员工，企业可以与上下游企业、合作伙伴实现资源共享和优势互补，共同应对市场挑战。共享部门模式则使得企业能够整合社会资源，利用外部专业机构的优势，提升企业的整体运营水平。

例如，在共享经济模式下，汽车制造企业可以与零部件供应商共享生产数据，实现供应链的协同优化，提高生产效率和产品质量。同时，企业还可以通过共享员工平台，与其他企业共享技术人才，共同开展技术研发和创新，推动整个行业的发展。

三、促进资源的高效配置

共享经济以“共享使用”代替“独占所有”，实现了资源的最大化利用。通过共享数据、共享员工和共享部门，社会资源得到了更加合理的配置，避免了资源的闲置和浪费。例如，共享办公空间的出现，使得企业可以根据自身需求灵活租用办公场地，提高了办公场地的利用率；共享设备平台的建立，使得企业可以共享生产设备、检测设备等，降低了设备采购成本，提高了设备的使用效率。

也就是说，共享经济作为新质生产力催生出的新型经济模式，以其独特的优势和创新的理念，正成为推动经济发展的新引擎。

在技术创新方面，随着人工智能、区块链、物联网等技术的不断发展，共享经济将迎来更多的创新机遇。例如，人工智能技术可以实现共享资源的智能匹配和优化配置；区块链技术可以进一步完善信任机制，保障共享经济的安全运行；物联网技术可以实现共享设备的智能化管理和远程监控。

在产业发展方面，共享经济将会渗透更多的行业和领域，推动传统产业的转型升级和新兴产业的发展。例如，在能源领域，共享能源模式可以实现能源的高效利用和分布式供应；在教育领域，共享教育资源可以打破教育资源的地域限制，实现优质教育资源的共享。

在社会发展方面，共享经济将为解决就业问题、促进社会公平提供新的思路和方法。共享员工模式可以为更多的人提供灵活的就业机会，缓解就业压力。共享经济的发展还可以促进资源的公平分配，缩小城乡、区域之间的差距。

第十章
免费经济

在新质生产力的推动下，新型生产关系应运而生，为免费经济的诞生提供了肥沃的土壤。在数智时代，边际成本、绝对成本、交易成本和机会成本的显著变化，使得免费成为经济生活中的常态（图 10–1）。

◆ 边际成本趋零

在数智时代，数据成为关键生产要素，如同点石成金的魔法石，改变了传统的经济成本结构。尽管数字基础设施的建设，如服务器、网络设备等，需要投入大量的固定成本，且初次开发数字产品或服务时，也需要耗费大量的人力、物力和财

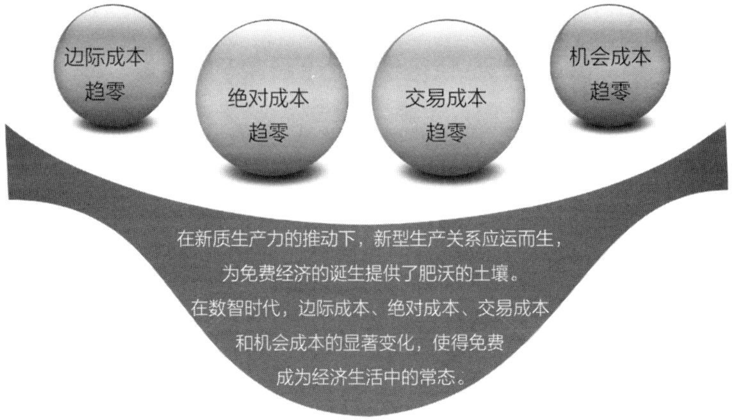

图 10–1　免费经济的四项趋零

力，但数据要素自身的特性，却让边际成本呈现出递减甚至为零的趋势。

数据具有无限性，它不像传统资源那样会随着使用而减少，反而会在不断地使用和共享中产生更多的数据。同时，数据的非竞争性和非排他性，使得多个主体可以在同一时间使用同一份数据，且不会影响其他主体对数据的使用。例如，一款在线教育软件，开发和服务器搭建需要巨大的初始投入，但当软件上线后，每增加一个用户使用，几乎不需要额外的成本。根据产品价格等于边际成本的经济学原理，随着边际成本趋近于零，数字产品或数据产品的价格也越来越低，甚至逐步趋于零，从而产生了价格归零效应。这意味着，在数智时代，消费者有可能以近乎零的价格获取丰富的数字产品和服务。

◆ 绝对成本趋零

数字产品的一个显著特点是功能的高度聚合，这一特点在范围经济的作用下，使得绝对成本趋近于零。以智能手机为例，它不再仅仅是一个通话工具，还集成了拍照、社交、计算、娱乐等多种功能。这些丰富的功能，原本需要多个独立的设备才能实现，而现在通过一部智能手机就能轻松拥有。

在传统经济模式下，每个功能的实现都需要独立的研发、生产和运营成本。但在数字时代，多个功能被整合到一个数字产品中，这些功能的成本可以相互分摊。而且，数字产品功能的实现，很大程度上依赖于数据的无限输入、计算和输出。数据要素低成本、可复制的特性，使得数字产品在实现多种功能时，成本得以大幅降低。例如，手机拍照功能的不断升级，主要是通过算法优化和数据处理能力的提升来实现的，而这些数据的复制和使用成本几乎可以忽略不计。因此，数字产品通过功能聚合和成本分摊，实现了绝对成本趋零，让消费者能够以极低的成本享受到多样化的功能和服务。

◆ 交易成本趋零

数智技术和数据要素的高速即时互联互通，宛如一把利剑，打破了传统经济中的信息壁垒、时间壁垒和空间壁垒，为交易成本的降低甚至趋零创造了条件。

在传统交易中，供需双方往往需要花费大量的时间和精力去寻找对方，进行信息沟通和验证，这一过程中产生了高昂的搜索成本和验证成本。同时，产品的运输和交付也需要耗费一定的成本，交易完成后的追踪和监督，同样需要投入资源。然而在数智时代，大数据、云计算和物联网等技术的应用，使得信息能够快速、准确地在供需双方之间传递。通过大数据分析，企业可以精准地了解消费者的需求，消费者也能快速找到满足自己需求的产品和服务。

例如，电商平台的出现，让消费者可以在全球范围内搜索商品，平台通过算法推荐，将消费者可能感兴趣的商品精准推送给他们。同时，区块链技术的应用，实现了交易信息的不可篡改和可追溯，大大降低了验证成本和监督成本。此外，智能物流系统借助物联网技术，实时跟踪货物运输状态，优化运输路线，降低了运输成本。这些数智技术的综合应用，使得供需双方能够实现精准即时匹配，最终将交易成本降低到趋近于零的水平。

◆ 机会成本趋零

在数智时代，数据生产要素的无限性、非竞争性和非排他性，赋予了它独特的优势，使得机会成本趋零成为可能。

传统生产要素，如土地、资本等，在同一时间内只能被一个主体使用，当一个主体使用这些要素时，其他主体就失去了使用的机会，这就产生了机会成本。但数据要素不同，它可以在同一时间被多个主体使用，且不会因为使用而减少或消耗，反而可能会因为更多主体的使用而增值。例如，一份市场调研报告数据，一家企业使用后，并不会影响其他企业使用，而且不同企业基于这份数据进行分析和决策，可能会产生不同的商业价值，使得数据的价值得到进一步提升。

这种特性使得数据要素的机会成本极低甚至为零。企业在使用数据要素时，不需要担心因为使用而失去其他机会，这为企业的创新和发展提供了更大的空间。同时，也使得资源的配置更加高效，促进了经济的繁荣发展。

免费经济的出现，不仅改变了消费者的消费模式和企业的商业模式，还对整个经济社会产生了深远的影响。

对于消费者而言，免费经济带来了前所未有的福利。他们可以用近乎为零的成本获取丰富的数字产品和服务，满足自己多样化的需求。在线音乐、视频平台让消费者可以免费收听海量音乐、观看各类影视作品；免费的办公软件、学习软件，为消费者提供了便捷的工作和学习工具。这些免费的产品和服务，大大提高了消费者的生活质量和工作效率。

对于企业来说，免费经济虽然挑战了传统的商业模式，但也带来了新的机遇。企业可以通过免费的产品和服务吸引大量用户，积累用户数据，然后通过数据分析实现精准营销，或者提供增值服务来获取收益。例如，一些互联网企业通过免费的搜索引擎服务吸引用户，然后通过广告投放来实现赢利；一些游戏公司提供免费的游戏下载和基础游戏服务，通过销售游戏内道具、付费会员等增值服务来获取收入。

从宏观经济角度看，免费经济促进了资源的优化配置和经济的创新发展。在免费经济模式下，企业为了在竞争中脱颖而出，会不断加大创新投入，提高产品和服务的质量。同时，免费经济也促进了产业的融合和发展，推动了新兴产业的崛起。例如，共享经济作为免费经济的一种衍生模式，通过整合闲置资源，实现了资源的高效利用，催生了共享单车、共享汽车、共享办公等新兴业态。

也就是说，在数智时代，新质生产力催生的新型生产关系，孕育出免费经济这一全新的经济形态。它以边际成本趋零、绝对成本趋零、交易成本趋零和机会成本趋零为特征，深刻地改变了经济运行的规则和人们的生活方式。展望未来，随着新质生产力的不断发展和新型生产关系的进一步完善，免费经济有望在更多领域得到应用和发展。但我们也需要清醒地认识到，免费经济的发展需要在技术创新、商业模式创新、政策监管等方面不断探索和完善，以实现经济的可持续发展和社会的公平正义。

第十一章
共创经济

在新质生产力蓬勃发展的时代背景下，共创经济作为一种理想的经济形态，正逐渐展现出其独特的魅力和深远的意义。共创经济，作为经济结构的终极形态，其核心在于按需求的生产与分配，旨在实现资源的最充分利用，确保每个人的需求都能得到满足。

第一节
共创经济的主要特征

◆ 按需生产：精准满足多元需求

在共创经济模式下，生产不再是盲目追求利润最大化的无序行为，而是基于对社会成员真实需求的精准把握。借助新质生产力中的大数据、人工智能等技术，社会生产组织者能够全面、深入地了解每个人的需求信息，包括物质需求和精神需求。通过对海量需求数据的分析和挖掘，生产系统可以实现高度的个性化定制和精准化生产。

例如，在服装生产领域，消费者可以通过智能终端将自己的身材尺寸、款式偏好、面料要求等信息上传至生产平台。

生产平台利用人工智能算法对这些信息进行分析处理，生成个性化的服装生产方案，并将其传输至智能制造工厂。工厂中的智能设备根据生产方案，精准地裁剪面料、缝制服装，最终生产出完全符合消费者需求的服装产品。这种按需生产的模式，不仅避免了在传统生产方式中因盲目生产导致的产品积压和资源浪费，还能够满足消费者日益多样化、个性化的需求，提高消费者的满意度和生活质量。

◆ 按需分配：实现公平与效率的统一

按需分配是共创经济的另一个核心特征，它打破了在传统分配模式中基于劳动量或资本量进行分配的局限，更加注重人的实际需求和社会公平。在共创经济中，社会成员的需求被视为分配的首要依据，每个人都能够根据自己的实际需求获得相应的资源和产品。

当然，按需分配并非平均主义，而是在保障基本需求的基础上，根据个人的特殊需求和社会的整体利益进行合理分配。例如，对于医疗资源的分配，共创经济会优先保障每个人的基本医疗需求，确保每个人都能享受到必要的医疗服务。同时，对于患有重大疾病或特殊疾病的患者，会根据其病情的严重程度和治疗需求，提供更加充足、优质的医疗资源，以保障他们的生命健康。这种按需分配的模式，既体现了社会对每个人的关怀和尊重，又能够充分调动社会成员的积极性和创造性，实现公平与效率的有机统一。

◆ 资源的充分利用：可持续发展的保障

共创经济的一个重要目标是实现资源的最充分利用，这与新质生产力所倡导的绿色、低碳、可持续发展理念高度契合。在共创经济模式下，通过技术创新和生产关系的优化，资源能够得到更加合理的配置和更为高效的利用（图 11–1）。

一方面，新质生产力中的先进技术，如循环经济技术、资源回收利用技术等，能够提高资源的利用效率，减少资源的浪费和废弃物的排放。例如，在工业生产中，通过采用先进的清洁生产技术和循环利用工艺，企业可以将生产过程中的废弃物转化为可再利用的资源，实现资源的循环利用和废弃物的零排放。另一方面，共创经济的按需生产和按需分配模式，避免了因过度生产和不合理消费导致的资源浪费。由于生产是根据实际需求进行的，产品能够精准地满足消费者的需求，减少了产品积压和浪费的现象。同时，按需分配模式也能够引导消费

图 11–1　共创经济的三大原则

者树立正确的消费观念，避免过度消费和浪费，从而实现资源的可持续利用。

第二节
共创经济的创新模式

在传统经济时代，生产和消费的经济循环主要依赖于剩余价值的“减式循环”。具体来说，企业利用劳动力和资本等生产要素生产商品或提供服务，然后出售这些产品或服务获取利润，从而形成剩余价值。这些利润部分再被投入生产和消费过程中，继续循环（图 11–2）。

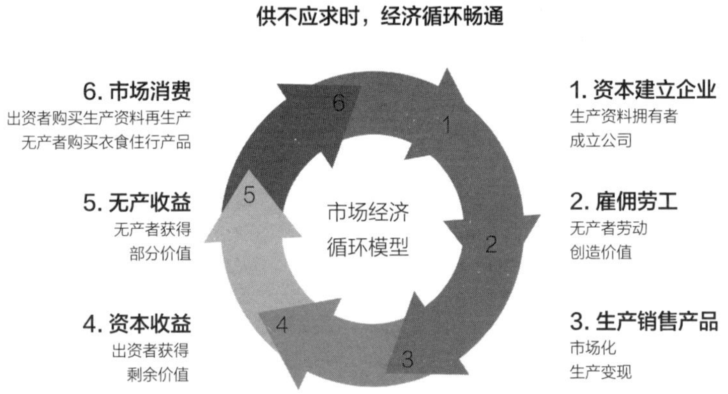

图 11–2 供不应求时，经济循环畅通

然而，这种经济模式存在一个根本性的问题，那就是供过于求可能会导致经济不畅通（图 11–3）。

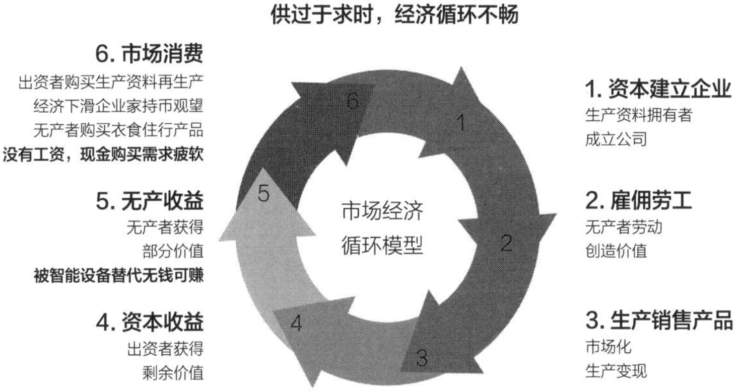

图 11-3　供过于求时，经济循环不畅

当市场上的商品或服务供应过剩时，价格下降，利润减少，企业利润受损，生产能力下降，导致失业增加，消费降低，形成恶性循环。这时，经济无法持续发展，市场无法实现稳定。因此，为了解决这一问题，需要引入新的经济模式，将数据作为生产要素，推动经济的“加式循环”，实现新型社会经济的发展（图 11–4）。

首先，数据作为一种新的生产要素，具有更高的产出效率和附加值。在传统经济时代，生产要素主要包括劳动力、资本和土地等，而在信息化时代，数据逐渐成为一种重要的生产要素。通过收集、分析和应用数据要素，企业可以更好地了解市场需求、优化产品设计、提高生产效率，从而实现更高的利润水平。数据的使用不仅可以创造新的商业模式和经济增长点，还可以为企业提供更多的发展机会和创

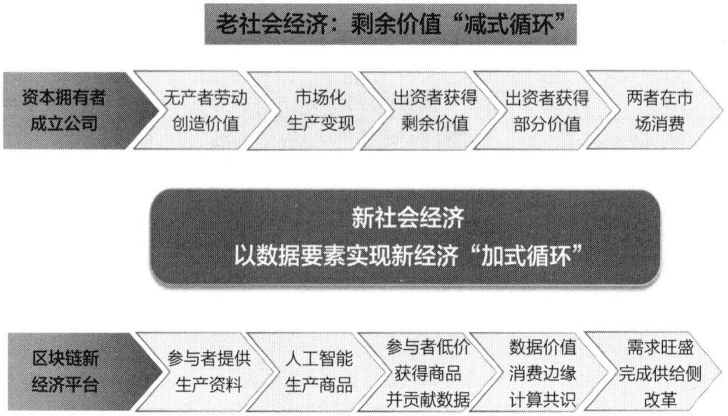

图 11-4　数据要素解决人类未来社会经济面临的难题

新空间。

其次，数据作为连接生产和消费环节的桥梁，实现了资源优化配置和市场精准匹配。在传统经济时代，市场信息不对称、资源配置不均衡是造成供需不平衡的重要原因。而随着大数据技术和人工智能的发展，企业可以通过数据分析来更好地了解市场需求、消费者行为等信息，实现生产的个性化定制和市场的精准匹配。通过数据的应用，企业可以更好地预测市场变化、调整生产计划，提高资源利用效率和市场敏感度，从而实现资源的有效配置和经济的循环发展。由此，让产业链上下游各方均受益，从而有助于实现共同富裕（图 11-5）。

最后，数据作为推动产业升级和转型的动力，促进了经济结构的优化和功能的增值。在传统经济时代，产业结构单一、发展缓慢、创新不足，难以适应信息互联时代的快速发展和变化。而引入数据作为生产要素，可以帮助企业实现数

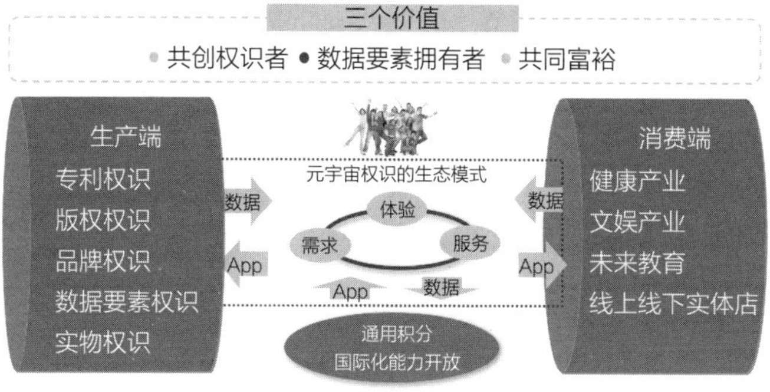

图 11-5　数据要素的共创生态模式

字化、智能化、网络化、智能化的升级，实现产业链的延伸和价值链的延伸。通过数据的运用，企业可以更好地进行产品创新、服务升级，拓展市场领域、提升品牌价值，推动经济结构的优化和功能的增值。数据还可以促进不同产业之间的融合和协同，推动全球产业的转型和发展，形成新的经济增长点和竞争优势（图 11-6）。

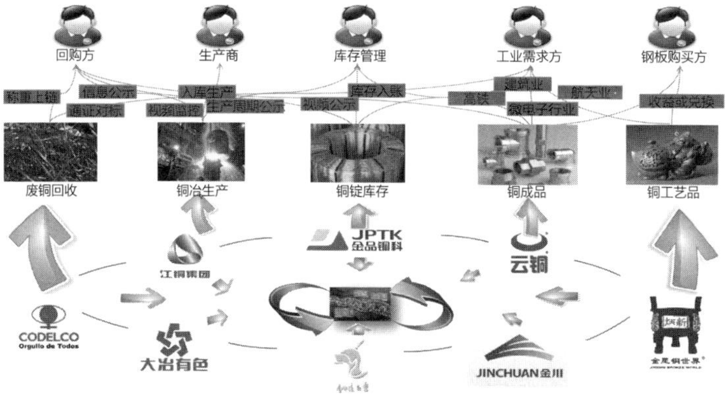

图 11-6　数据要素的共创经济创新案例

综上所述，数据作为一种新的生产要素，在当今信息化时代的经济发展中发挥着重要作用。通过推动企业创新、资源配置优化、产业升级，实现经济循环的“加式循环”，促进经济的可持续发展和社会的和谐进步。数据经济的兴起必将重塑全球经济格局，推动各国经济实现创新驱动、绿色可持续发展，成为未来社会经济发展的主要动力和基础支撑。

第三节
新质生产力推动生产关系向共创经济转型

新质生产力与共创经济之间存在着紧密的内在联系，新质生产力是共创经济产生和发展的基础，而共创经济则是新质生产力发展的必然趋势和理想归宿。

一、新质生产力为共创经济提供技术支撑

新质生产力中的各种前沿技术，如大数据、人工智能、物联网、区块链等，为共创经济的按需生产和按需分配提供了强大的技术支持。大数据技术能够收集和分析海量的社会需求数据，为生产决策提供科学依据；人工智能技术可以实现生产过程的智能化控制和个性化定制，提高生产效率和产

品质量；物联网技术能够实现生产设备和产品的互联互通，实现生产过程的实时监控和管理；区块链技术则可以确保生产和分配过程的透明性、公正性和安全性，保障社会成员的权益。

例如，在共创经济的物资分配系统中，区块链技术可以记录物资的生产、运输、存储和分配全过程，确保物资的流向清晰可查，避免出现分配不公和腐败现象。同时，通过物联网技术，物资的存储和运输状态可以实时反馈给分配系统，以便企业及时调整分配策略，确保物资能够及时、准确地送达需求者手中。

二、新质生产力推动生产关系向共创经济转型

新质生产力的发展不仅带来了技术层面的变革，还推动了生产关系的深刻调整。随着新质生产力的不断发展，传统的生产关系逐渐无法适应生产力的发展需求，必然会被更加先进、更加适应生产力发展的新型生产关系所取代。

在新质生产力的作用下，生产的社会化程度不断提高，生产过程中的分工与协作更加紧密。企业之间的界限逐渐模糊，形成了更加广泛、更加深入的产业协同和合作网络。这种生产关系的变化，为共创经济的产生和发展创造了条件。共创经济强调生产的社会性和整体性，通过全社会的协同合作，实

现资源的优化配置和按需生产、按需分配。新质生产力推动的生产关系变革，正是朝着共创经济所要求的方向发展。

三、共创经济促进新质生产力的持续发展

共创经济作为一种更加先进的经济形态，能够为新质生产力的持续发展提供良好的制度环境和社会基础。在共创经济模式下，资源的合理配置和按需分配，能够充分调动社会成员的积极性和创造性，激发他们的创新活力。

由于社会成员的需求得到了充分满足，他们能够更加专注于科技创新和生产实践，为新质生产力的发展提供源源不断的动力。同时，共创经济注重社会的整体利益和长远发展，能够集中全社会的资源和力量，投入关键技术研发和基础设施建设中，将推动新质生产力的快速发展。例如，在共创经济中，政府可以加大对科研教育的投入，培养更多的创新人才，支持基础科学研究和关键技术攻关，为新质生产力的发展提供坚实的人才和技术支撑。

新质生产力的发展为共创经济的实现开辟了道路，而共创经济作为一种理想的经济形态，将引领人类社会迈向更加美好的未来。在共创经济的理想世界里，每个人都能够充分发挥自己的才能，实现自我价值。社会资源得到最合理的配置，生产效率大幅提高，产品和服务丰富多样，能够满足人们日益增

长的物质文化需求。同时，社会公平得到充分体现，贫富差距显著缩小，每个人都能享受到公平的教育、医疗、就业等机会，生活质量得到极大提升。

第四篇
新机制
PART 4

在时代的滚滚洪流中，经济发展的浪潮不断奔涌向前。当下，我们正站在一个关键的历史节点，新质生产力的曙光已照亮前行的道路。它以创新为主导，彻底摆脱传统经济增长方式的束缚，具备高科技、高效能、高质量的显著特征，完美契合新发展理念，代表着先进生产力的崭新时代。构建与新质生产力相适应的新型生产关系，主要涉及以下几个方面，以适应战略新兴产业和未来产业的发展需求。

一是多元化产权结构。新型生产关系应鼓励多元化的产权结构，包括国有、集体、私营和外资等不同所有制经济共同发展，以促进资源的合理配置和高效利用。

二是创新驱动机制。新型生产关系应强调创新驱动，建立以企业为主体、市场为导向、产学研相结合的创新体系，激发企业创新活力和转化科技成果的能力。

三是灵活的劳动就业关系。随着战略新兴产业和未来产业的发展，劳动者的技能需求发生变化，新型生产关系应支持灵活的劳动就业关系，包括兼职、远程工作、弹性工作时间等，以适应新形态的就业需求。

新型生产关系旨在构建一个适应新质生产力发展的社会结构，通过优化产权结构、激励机制、劳动就业关系和市场环境等方面，推动经济的高质量发展。

第十二章
多元化产权结构

在推动新质生产力发展的过程中，构建与之相适应的新型生产关系至关重要。而多元化产权结构，正是这一新型生产关系的重要基石。

产权，从本质上讲，是对财产的所有权、使用权、收益权和处分权等一系列权利的总和。在传统的经济模式中，产权结构往往较为单一，主要以国有产权或私有产权为主导。这种单一的产权结构在特定的历史时期发挥了重要作用，但随着经济的发展和新质生产力的崛起，其局限性也日益凸显。

多元化产权结构，打破了传统单一产权的局限，强调多种产权形式的并存与协同发展。它不仅包括国有产权、私有产权，还涵盖了集体产权、混合产权等多种形式。不同产权主体在市场中相互竞争、相互合作，共同推动经济的发展。

多元化产权结构的优势首先体现在对创新的激励上。在单一产权结构下，企业的创新动力往往受到一定的限制。国有产权企业可能面临体制机制的束缚，创新决策过程相对烦琐；私有产权企业则可能因资源有限、抗风险能力较弱，在创新投入上有所顾虑。而多元化产权结构能够整合各方资源，充分发挥不同产权主体的优势。国有产权企业凭借其雄厚的资金和资源优势，在基础研究、关键技术研发等方面发挥引领作用；私有产权企业则以其灵活的市场机制和创新活力，在应用技术创新、商业模式创新等方面表现出色。例如，在新能源汽车领域，一些国有企业加大对电池技术、自动驾驶技术等核心技术的研发投入，为行业发展奠定了基础；而众多民营企业则在车型设计、市场营销等方面不断创新，推动了新能源汽车的普及和市场拓展。

多元化产权结构有助于优化资源配置。不同产权主体对资源的需求和利用方式各不相同，多元化产权结构能够促进资源在不同主体之间的合理流动和优化配置。国有产权企业在基础设施建设、公共服务等领域具有天然优势，能够保障资源的有效投入和公平分配；私有产权企业则在市场竞争中更能敏锐地捕捉到市场需求，将资源投向最具潜力的领域。例如，在5G通信网络建设中，国有企业承担了大量的基础设施建设任务，为5G技术的普及提供了坚实的基础；而私有产权的科技企业则基于5G网络，开发出各种丰富的应用场景，实现了资源的高效利用和价值最大化。

此外，多元化产权结构还能够增强经济的稳定性和抗风险能力。在面对经济波动、市场变化等风险时，不同产权主体的应对能力和策略各不相同。多种产权形式的并存，使得经济体系能够在不同的市场环境下保持一定的韧性。国有产权企业在宏观调控中发挥着重要作用，能够在经济危机时期稳定市场、保障民生；私有产权企业则以其灵活的经营策略，能够快速适应市场变化，调整经营方向，减少经济波动对企业的影响。

在现实经济生活中，多元化产权结构的实践已经在多个领域展开，并取得了显著成效。

◆ 国有企业混合所有制改革

国有企业混合所有制改革是实现多元化产权结构的重要实践之一。通过引入非国有资本，实现国有资本与非国有资本的融合，激发国有企业的活力和创造力。例如，中国联通的混合所有制改革，引入了腾讯、百度、阿里巴巴等多家民营资本。改革后，中国联通在业务创新、市场拓展等方面取得了显著进展。在5G应用开发方面，通过与互联网企业合作，推出了一系列基于5G技术的创新应用，如高清视频直播、云游戏等，不仅提升了用户体验，也为企业带来了新的增长点。在运营管理方面，借鉴民营企业的灵活机制，优化内部管理流程，提高了运营效率，降低了运营成本。

◆ 产业园区的多元化运营模式

在产业园区的发展中，多元化产权结构也得到了广泛应用。许多产业园区采用政府、企业、科研机构等多方合作的模式，共同建设和运营园区。政府提供土地、政策等资源支持，企业负责园区的投资建设和产业运营，科研机构则为园区提供技术创新和人才支持。例如，苏州工业园区在发展过程中，积极引入国内外知名企业和科研机构，形成了多元化的产权主体。园区内既有国有企业投资建设的基础设施和公共服务平台，也有外资企业、民营企业投资的产业项目。这种多元化的运营模式，使得苏州工业园区在短短几十年内，从一片农田发展成为具有国际竞争力的产业高地，在电子信息、生物医药、智能制造等领域取得了突出成就。

◆ 农村集体经济产权制度改革

在农村经济领域，农村集体经济产权制度改革是实现多元化产权结构的又一重要实践。通过将农村集体资产折股量化到成员，实现了农村集体经济产权的多元化。这一改革不仅明确了农民对集体资产的产权归属，保障了农民的合法权益，还激发了农民参与集体经济发展的积极性。例如，一些农村地区成立了农村集体经济股份合作社，农民以土地、资金等入股合作社，参与合作社的生产经营和收益分配。合作社利用集体资源，发展特色农业、乡村旅游等产业，实现了农村经济的快速发展和农民收入的大幅提高。在发展特色农业方面，合作社统一组织生产、销售，引入先进的种植技术和管理经验，提高了农产品的质量和市场竞争力；在乡村旅游方面，整合农村自然风光、民俗文化等资源，打造乡村旅游品牌，吸引了大量游客，带动了农村的餐饮、住宿等服务业的发展。

尽管多元化产权结构在推动新质生产力发展方面具有巨大优势，但在实践过程中，也面临着一些问题和挑战。

一、产权界定与保护问题

在多元化产权结构中，不同产权主体的产权界定和保护是一个关键问题。由于产权形式多样，产权关系复杂，容易出现产权界定不清、产权纠纷等问题。例如，在国有企业混合所有制改革中，国有资本与非国有资本的产权边界有时难以清晰界定，导致在企业决策、收益分配等方面出现矛盾和冲突。为了解决这一问题，需要进一步完善产权法律法规，明确不同产权主体的权利和义务，加强产权保护力度。建立健全产权交易市场，规范产权交易行为，为产权的流动和优化配置提供保障。

二、不同产权主体的融合问题

多种产权主体在合作过程中，由于经营理念、管理模式、利益诉求等方面的差异，可能会出现融合困难的问题。例如，在国有企业与民营企业的合作中，国有企业可能更注重社会责任和长期发展，而民营企业则更关注市场效益和短期回报，这种差异可能导致双方在合作项目的决策、执行等方面产生分歧。为了促进不同产权主体的融合，需要加强沟通与协调，建立有效的合作机制。在合作项目中，明确各方的职责和利益分配，通过协商、谈判等方式解决分歧。同时，要尊重不同产权主体的特点和优势，相互学习、相互借鉴，实现优势互补。

三、监管与风险防范问题

在多元化产权结构下，经济活动更加复杂多样，监管难度加大。不同产权主体的经营行为可能存在风险，如国有资产流失、民营企业违规经营等。为了加强监管和风险防范，需要建立健全监管体系，加强对不同产权主体的监管力度。完善国有企业监管制度，防止国有资产流失；加强对民营企业的合规监管，规范民营企业的经营行为。同时，要建立风险预警机制，及时发现和化解潜在的风险。展望未来，多元化产权结构将在新质生产力的发展中发挥更加重要的作用。随着科技的不断进步和经济的持续发展，新质生产力将呈现出更加蓬勃的发展态势。而多元化产权结构作为与之相适应的新型生产关系的重要组成部分，将不断完善和创新，为新质生产力的发展提供更加坚实的制度保障。

在科技创新领域，多元化产权结构将进一步激发创新活力。国有科研机构、高校与民营企业、外资企业等将加强合作，共同开展前沿技术研发和应用创新。通过共享科研资源、人才资源，实现创新要素的优化配置，加速科技成果的转化和应用。例如，在人工智能领域，国有科研机构在基础理论研究方面具有优势，民营企业在应用开发和市场推广方面具有灵活性，双方合作能够形成从理论研究到产品应用的完整创新链条，推动人工智能技术的快速发展和广泛应用。

在产业发展方面，多元化产权结构将促进产业的深度融合和协同发展。不同产权主体的企业将在产业链上下游展开合作，形成产业集群效应。国有企业在产业链的关键环节发挥引领作用，保障产业的稳定发展；民营企业则在产业链的细分领域发挥创新优势，提升产业的竞争力。例如，在新能源产业中，国有企业在能源开发、电网建设等方面发挥重要作用，民营企业在新能源设备制造、储能技术研发等方面具有优势，双方合作能够推动新能源产业的全产业链发展，提高我国在新能源领域的国际竞争力。

在经济全球化的背景下，多元化产权结构还将促进国际合作与交流。国有资本、私有资本将共同参与国际竞争与合作，在全球范围内优化资源配置。国有企业凭借其规模和资源优势，在国际基础设施建设、能源开发等领域发挥重要作用；民营企业则以其创新能力和市场敏感度，在国际市场拓展、技术引进等方面发挥积极作用。例如，在“一带一路”倡议中，我国国有企业参与了许多基础设施建设项目，为沿线国家的经济发展做出了贡献；民营企业则在贸易往来、技术合作等方面与沿线国家的企业开展广泛合作，促进了双方的互利共赢。

多元化产权结构作为构建新型生产关系的关键机制，是推动新质生产力发展的重要力量。尽管在实践过程中面临一些挑战，但只要我们积极应对，不断完善和创新，就一定能够充分发挥多元化产权结构的优势，实现与新质生产力的协同发展，开创经济发展的新局面，为实现中华民族伟大复兴的中国梦奠定坚实的经济基础。

第十三章
创新驱动机制

在人类经济发展的宏大叙事中，生产力的演进始终是推动历史车轮滚滚向前的核心动力。从古老的农耕时代，到蒸汽轰鸣的工业革命，再到如今科技日新月异的信息时代，每一次生产力的重大变革，都伴随着生产关系的深刻调整，进而重塑整个社会经济的版图。当下，我们正站在一个全新的历史转折点上，新质生产力以其前所未有的磅礴之势，呼啸而来，成为引领未来经济发展的关键力量。而在催生和发展新质生产力的诸多要素中，创新驱动机制宛如一颗璀璨的明珠，熠熠生辉，成为构建新型生产关系、推动新质生产力发展的核心密码。

创新驱动机制，从本质上讲，是一种激发创新活力、促进创新成果转化和应用的制度安排和运行方式。它涵盖了创新的各个环节，包括创新的投入、研发、推广和应用，旨在营造一个鼓励创新、支持创新、保护创新的良好环境，让创新成为经济发展的第一动力。

◆ 创新投入：点燃创新的火种

创新投入是创新驱动机制的首要环节，是点燃创新火种的关键。在新质生产力的发展中，创新投入不仅包括资金的投入，还包括人才、技术、知识等创新要素的投入。

资金投入是创新的物质基础。无论是基础研究、应用研究，还是技术开发和产品创新，都离不开大量的资金支持。政府、企业和社会各界都应加大对创新的资金投入，建立多元化的创新投入体系。政府可以通过财政补贴、税收优惠、设立创新基金等方式，引导和鼓励企业加大研发投入。例如，我国政府近年来不断加大对科技创新的财政支持力度，设立了国家自然科学基金、国家重点研发计划等一系列科研项目，为科研人员开展基础研究和关键技术攻关提供了坚实的资金保障。同时，政府还出台了一系列税收优惠政策，如研发费用加计扣除、高新技术企业税收减免等，鼓励企业增加研发投入。

企业作为创新的主体，更应积极承担起创新投入的责任。在激烈的市场竞争中，企业只有不断加大创新投入，提升自身的技术水平和创新能力，才能在市场中立足并取得竞争优势。许多世界知名企业，如苹果、谷歌、华为等，每年都将大量的资金投入研发领域，不断推出具有创新性的产品和服务，引领行业发展潮流。例如，华为公司多年来坚持将销售收入的10%以上投入研发中，在5G通信技术、人工智能等领域取得了一系列重大突破，成为全球通信行业的领军企业。

除了资金投入外，人才、技术、知识等创新要素的投入同样不可或缺。人才是创新的核心要素，拥有一支高素质的创新人才队伍，是实现创新驱动发展的关键。企业和科研机构应加强人才培养和引进，建立完善的人才激励机制，吸引和留住优秀人才。例如，一些企业通过提供具有竞争力的薪酬待遇、良好的工作环境和广阔的发展空间，吸引了大量国内外优秀人才加入。同时，企业还应加强与高校、科研机构的合作，建立产学研用协同创新机制，充分利用高校和科研机构的人才和技术资源，提高企业的创新能力。

◆ 创新研发：孕育创新的果实

创新研发是创新驱动机制的核心环节，是孕育创新果实的关键阶段。在这个阶段，科研人员和创新团队通过艰苦的探索和研究，将创新的理念和想法转化为实际的技术和产品。

创新研发需要一个良好的科研环境和创新氛围。科研机构和企业应建立开放、包容、鼓励创新的文化，尊重科研人员的创新思维和探索精神，允许失败，鼓励尝试。同时，要加强科研基础设施建设，提供先进的科研设备和实验条件，为科研人员开展创新研发提供有力支持。例如，一些国家和地区建设了一批高水平的科研园区和创新孵化基地，为科研人员提供了良好的科研环境和创新平台。在这些园区和基地中，科研人员可以共享科研资源，开展合作研究，促进创新成果的快速转化。

创新研发还需要加强国际合作与交流。在经济全球化和科技全球化的背景下，科技创新已经成为全球性的活动。各国科研人员应加强合作，共同攻克全球性的科技难题，分享创新成果。例如，在应对气候变化、生物医药、人工智能等领域，国际合作已经成为推动科技创新的重要力量。通过国际合作，科研人员可以充分利用全球的科研资源和人才优势，加速创新研发的进程，提高创新成果的质量和水平。

◆ 创新推广：传播创新的光

创新推广是创新驱动机制的重要环节，是将创新成果推向市场、实现经济价值的关键步骤。在新质生产力的发展中，创新推广不仅关系到创新成果的应用和转化，也关系到创新的可持续发展。

创新推广需要建立完善的创新成果转化机制。科研机构和企业应加强与市场的对接，了解市场需求，将创新成果及时转化为实际的产品和服务。同时，要加强知识产权保护，鼓励科研人员和企业积极申请专利，保护创新成果的知识产权。例如，一些高校和科研机构建立了专门的技术转移中心，负责将科研成果推向市场，促进创新成果的转化和应用。同时，政府也应加强知识产权保护力度，完善知识产权法律法规，打击侵权行为，为创新成果的转化和应用提供良好的法律环境。

创新推广还需要加强市场培育和宣传。企业应加强对创新产品和服务的市场推广，提高消费者对创新产品和服务的认知度和接受度。政府也应通过政策引导、示范推广等方式，培育市场需求，推动创新产品和服务的普及。例如，在新能源汽车领域，政府通过补贴、购车指标等政策措施，鼓励消费者购买新能源汽车，培育了新能源汽车市场。同时，企业也加强了对新能源汽车的宣传和推广，提高了消费者对新能源汽车的认知度和接受度，促进了新能源汽车的快速发展。

◆ 创新应用：收获创新的硕果

创新应用是创新驱动机制的最终环节，是实现创新价值、推动新质生产力发展的关键。在这个阶段，创新成果被广泛应用于生产和生活的各个领域，为经济发展和社会进步带来实实在在的效益。

创新应用需要企业和社会各界积极参与。企业应积极采用新技术、新设备、新工艺，推动产业升级和转型。同时，要加强对员工的培训，提高员工的创新意识和应用能力，确保创新成果能够在企业中得到有效应用。例如，在智能制造领域，企业通过引入工业互联网、机器人等新技术，实现了生产过程的智能化、自动化，提高了生产效率和产品质量。同时，企业还加强了对员工的培训，使员工能够熟练掌握新技术、新设备的操作和应用，为企业的发展提供了有力支持。

社会各界也应积极支持创新应用。政府应加强对创新应用的政策引导和支持，鼓励社会资本参与创新应用项目。金融机构应加大对创新应用的金融支持力度，为创新企业提供融资服务。消费者也应积极接受和使用创新产品和服务，为创新应用创造良好的市场环境。例如，在共享经济领域，政府通过出台相关政策，规范共享经济的发展，为共享经济的创新应用提供了政策支持。金融机构通过提供融资服务，支持共享经济企业的发展。消费者则通过使用共享单车、共享汽车、共享办公等共享经济产品和服务，推动了共享经济的快速发展。

在现实经济生活中，创新驱动机制的实践已经在多个领域展开，并取得了显著成效。

一、高新技术产业的创新发展

高新技术产业是创新驱动发展的典型代表。在高新技术产业中，创新是企业生存和发展的生命线。以半导体产业为例，半导体技术的发展日新月异，从早期的晶体管到如今的纳米级芯片，每一次技术突破都离不开持续的创新投入和研发。英特尔、台积电等半导体企业，每年都投入巨额资金用于研发，不断推动芯片制造技术的进步。同时，这些企业还积极与高校、科研机构合作，开展产学研用协同创新，培养了大量的半导体专业人才。在创新推广和应用方面，半导体企业通过与电子设备制造商的紧密合作，将先进的芯片技术应用于智能手机、电脑、人工智能设备等领域，推动了整个电子信息产业的发展。

二、传统产业的创新转型

传统产业在创新驱动机制的作用下，实现了深刻的转型和升级。以钢铁产业为例，传统钢铁生产面临着高能耗、高污染、生产效率低下等问题。为了实现可持续发展，钢铁企业积极引入创新技术，开展技术改造和创新转型。通过采用智能制造技术，实现了生产过程的自动化、智能化控制，提高了生产效率和产品质量，降低了能耗和污染物排放。同时，钢铁企业还加强了与下游产业的协同创新，根据下游产业的需求，开发出高性能、高附加值的钢铁产品，实现了从传统钢铁生产向高端钢铁制造的转变。

三、区域创新发展的成功案例

一些地区通过构建完善的创新驱动机制，实现了区域经济的快速发展和创新能力的提升。例如，深圳作为我国的创新之都，在创新驱动发展方面取得了举世瞩目的成就。深圳政府高度重视创新，出台了一系列鼓励创新的政策措施，加大对创新的资金投入，建设了一批高水平的科研机构和创新载体。同时，深圳拥有良好的创新生态环境，吸引了大量的创新人才和企业。华为、腾讯、大疆等一批创新型企业在深圳茁壮成长，这些企业在通信技术、互联网、无人机等领域取得了一系列重大创新成果，不仅推动了深圳经济的快速发展，也提升了我国在全球创新领域的影响力。

尽管创新驱动机制在推动新质生产力发展方面取得了显

著成效，但在实践过程中，也面临着一些问题和挑战。

首先，创新投入不足。创新投入不足是制约创新驱动发展的重要因素之一。虽然政府和企业在创新投入方面都有一定的增长，但与发达国家相比，仍存在较大差距。特别是在基础研究领域，创新投入相对薄弱，导致我国在一些关键核心技术方面仍受制于人。为了解决这一问题，政府应进一步加大对创新的财政支持力度，优化财政科技支出结构，提高基础研究投入比重。同时，要引导企业加大研发投入，鼓励企业建立研发中心，开展自主创新。此外，还应拓宽创新投入渠道，吸引社会资本参与创新投资，形成多元化的创新投入体系。

其次，创新人才短缺。创新人才是创新驱动发展的核心要素，但目前我国创新人才短缺的问题较为突出。一方面，创新人才的培养体系还不够完善，高校和职业院校在创新人才培养方面还存在一些不足；另一方面，创新人才的流失现象较为严重，一些优秀创新人才流向了国外或其他行业。为了加强创新人才培养，高校和职业院校应深化教育改革，加强创新教育，培养学生的创新意识和创新能力。同时，要加强对创新人才的引进和留用，制定更加优惠的政策措施，吸引国内外优秀创新人才来我国工作和创业。此外，还应建立完善的创新人才激励机制，提高创新人才的待遇和社会地位，激发创新人才的创新活力和创造力。

最后，创新成果转化效率低。创新成果转化效率低是创新驱动发展面临的另一个重要问题。虽然我国在科技创新方面取得了大量的成果，但这些成果的转化率较低，很多创新成果未能及时转化为实际生产力。为了提高创新成果转化效率，应加强创新成果转化平台建设，建立完善的技术转移服务体系，为创新成果转化提供专业化的服务。同时，要加强产学研用协同创新，促进科研机构、高校与企业之间的合作与交流，提高创新成果的实用性和市场适应性。此外，还应加强知识产权保护，完善知识产权交易市场，为创新成果转化提供良好的法律环境和市场环境。

展望未来，创新驱动机制将在新质生产力的发展中发挥更加重要的作用。随着科技的不断进步和经济的持续发展，新质生产力将呈现出更加蓬勃的发展态势。而创新驱动机制作为推动新质生产力发展的核心动力，也将不断完善和创新，为新质生产力的发展提供更加坚实的保障。

在科技创新领域，创新驱动机制将进一步激发创新活力，推动更多的关键核心技术取得突破。在人工智能、量子计算、生物技术、新能源等前沿领域，科研人员将在创新驱动机制的激励下，不断探索和创新，为解决全球性的问题提供更多的科技解决方案。例如，在人工智能领域，创新驱动机制将促进人工智能技术在医疗、教育、交通、金融等领域的广泛应用，推动社会的智能化发展；在新能源领域，创新驱动机制将加速新能源技术的研发和应用，为实现碳达峰、碳中和目标提供技术支持。

在产业发展方面，创新驱动机制将促进产业的深度融合和协同发展。传统产业将在创新驱动下实现全面升级，新兴产业将在创新驱动下快速崛起。制造业将向智能制造、绿色制造、服务型制造转型，农业将向智慧农业、生态农业、品牌农业发展，服务业将向数字化、智能化、高端化迈进。同时，创新驱动机制还将促进产业之间的跨界融合，催生新的产业形态和商业模式。例如，互联网与制造业的融合，催生了工业互联网、智能制造等新业态；大数据与农业的融合，推动了智慧农业的发展。

在社会发展方面，创新驱动机制将为解决社会问题、改善民生福祉提供新的思路和方法。在教育领域，创新驱动机制将推动教育信息化、个性化发展，为每个学生提供更加公平、优质的教育资源；在医疗领域，创新驱动机制将促进医疗技术的创新和应用，提高医疗服务的质量和效率，为人民群众的健康提供更好的保障；在环境保护领域，创新驱动机制将推动绿色技术的研发和应用，促进资源的循环利用和生态环境的保护。

第十四章
灵活的劳动就业关系

在发展新质生产力的进程中，构建与之相适应的新型生产关系至关重要。而灵活的劳动就业关系，作为新型生产关系的重要组成部分，正逐渐成为连接各方、激发活力的关键纽带。

灵活的劳动就业关系，打破了传统就业模式的固定框架，呈现出多样化、弹性化的特点。它不再局限于传统的全职雇佣模式，而是涵盖了兼职、自由职业、远程办公、项目合作等多种形式。这种灵活性，为劳动者和企业都带来了前所未有的机遇和便利。

◆ 对劳动者而言：多元选择与自我实现

在灵活就业模式下，劳动者拥有了更多的自主选择权。他们可以根据自己的兴趣、技能和生活需求，自由选择工作的时间、地点和内容。对于那些富有创造力和专业技能的人来说，自由职业和项目合作模式为他们的职业发展提供了广阔的发展空间。例如，设计师可以通过线上平台承接来自全球各地的设计项目，充分发挥自己的创意和才华，实现更高的经济价值；程序员可以选择远程办公，为不同的科技公司提供技术支持，在灵活的工作环境中不断提升自己的技术水平。

灵活就业还为劳动者提供了更多的学习和成长机会。在不同的项目和工作场景中，劳动者能够接触到各种不同的知识和技能，拓宽自己的视野，提升自己的综合素质。而且，在灵活就业模式下，劳动者的收入不再局限于固定的工资，而是与个人的工作成果和业绩直接挂钩。这不仅激励着劳动者不断提升自己的能力，追求更高的工作质量和效率，而且还可以实现自我价值的最大化。

◆ 对企业来说：高效运营与创新发展

灵活的劳动就业关系，为企业带来了更高的运营效率和更强的创新能力。在市场竞争日益激烈的今天，企业面临着快速变化的市场需求和技术变革。采用灵活就业模式，企业可以根据业务需求灵活调整人力资源配置，避免了传统雇佣模式下的人员冗余和成本浪费。当企业面临短期的业务高峰或紧急项目时，可以迅速招募临时员工或与外部专业团队合作，高效完成任务；而在业务淡季，又可以减少人力成本支出，降低企业运营风险。

此外，灵活就业模式还能够为企业带来更多的创新活力。不同背景和专业的灵活就业人员，为企业注入了多元化的思维和创意。他们带来了新的理念、技术和方法，促进了企业内部的知识共享和创新交流。例如，一些科技企业通过与自由职业的开发者和创新团队合作，快速获取了前沿的技术和创新的解决方案，提升了企业的技术水平和市场竞争力。

在现实经济生活中，灵活的劳动就业关系已经在多个领域得到了广泛应用，并取得了显著的发展成果。

一、互联网平台经济：灵活就业的沃土

互联网平台经济的兴起，为灵活就业提供了广阔的发展空间。以外卖配送、网约车、在线家政等为代表的生活服务平台，吸引了大量的灵活就业人员。这些平台通过数字化技术，实现了供需双方的精准匹配，为劳动者提供了便捷的就业渠道。外卖骑手可以根据自己的时间安排，自由选择接单时间和配送区域；网约车司机可以灵活决定出车时间和行程，实现了工作与生活的更好平衡。

同时，知识技能共享平台也为专业人才提供了灵活就业的机会。在这些平台上，各类专家、学者、培训师等可以将自己的知识和技能以在线课程、咨询服务等形式进行分享和销售。例如，一些知名的在线教育平台，会聚了来自不同领域的优秀教师，他们通过录制课程、直播授课等方式，为全球的学生提供优质的教育资源，同时也实现了自己的经济价值。

二、创意文化产业：激发创新的活力源泉

创意文化产业是灵活就业的另一个重要领域。在这个充

满创意和个性的行业中，灵活就业模式为创作者提供了更多的创作自由和发展空间。作家、画家、音乐家、摄影师等创意工作者，往往更倾向于自由职业的工作方式，他们可以根据自己的灵感和创作节奏，自由安排工作时间和地点。通过与各类文化机构、媒体平台和品牌合作，他们将自己的创意作品推向市场，实现了艺术价值与商业价值的有机结合。

此外，创意文化产业中的项目合作模式也十分普遍。一个大型的文化项目，如电影制作、广告策划、艺术展览等，往往需要汇聚编剧、导演、演员、设计师、营销人员等多个领域的专业人才。通过灵活的项目合作，这些人才可以在不同的项目中发挥自己的专业优势，共同打造出优秀的创意作品。

三、科技创新领域：推动技术进步的新动力

在科技创新领域，灵活的劳动就业关系同样发挥着重要作用。随着技术的快速发展和创新需求的不断增长，科技企业对人才的需求更加多样化和专业化。灵活就业模式使得企业能够快速获取到所需的高端技术人才和创新团队。例如，一些初创的科技企业，由于资金和规模的限制，难以长期雇佣大量的研发人员。通过与自由职业的技术专家和创业团队合作，这些企业可以在短时间内组建起高效的研发团队，快速推进技术研发和产品创新。

同时，灵活就业模式也促进了科技人才的流动和知识共享。技术人员可以在不同的企业和项目中积累丰富的经验，接触到最新的技术和理念，从而推动整个科技行业的技术进步和创新发展。

当然，尽管灵活的劳动就业关系在推动新质生产力发展方面具有巨大优势，但在实践过程中，也面临着一些问题和挑战。

首先，社会保障与权益保障问题。灵活就业人员往往难以享受到与传统就业人员相同的社会保障和权益保障。由于工作的灵活性和不确定性，他们在养老保险、医疗保险、工伤保险等方面存在较大的缺失。而且，在劳动权益保护方面，灵活就业人员也面临着诸如工资拖欠、工作时间过长、劳动强度过大等问题。为了解决这些问题，政府应加强社会保障制度的改革和创新，建立适应灵活就业特点的社会保障体系。例如，推出灵活就业人员专属的社保套餐，降低参保门槛，提高参保便利性；加强劳动法律法规的执行力度，保障灵活就业人员的合法权益，建立健全劳动争议调解仲裁机制，及时解决劳动纠纷。

其次，职业发展与技能提升困境。灵活就业人员在职业发展和技能提升方面往往面临着诸多困难。由于缺乏稳定的工作单位和职业发展规划，他们很难获得系统的培训和晋升机会。而且，灵活就业市场的竞争激烈，对劳动者的技能要求不断提高，如果不能及时提升自己的技能水平，很容易被市场淘汰。为了帮助灵活就业人员提升职业发展能力，政府、企业和社会应共同努力，搭建多元化的职业培训和技能提升平台。政府可以提供财政补贴，鼓励职业培训机构为灵活就业人员提供针对性的培训课程；企业可以与灵活就业人员建立长期的合作关系，为他们提供技能培训和实践机会；社会各界可以通过在线教育平台、行业论坛等形式，为灵活就业人员提供学习和交流的机会，促进他们的职业成长。

最后，就业稳定性与收入不确定性。灵活就业的工作稳定性相对较低，收入也存在较大的不确定性。由于工作项目的不连续性和市场需求的波动，灵活就业人员可能会面临失业风险和收入大幅下降的情况。这给他们的生活带来了一定的压力和困扰。为了提高灵活就业的稳定性和收入的可预测性，灵活就业人员自身应加强职业规划和风险管理，提高自己的市场竞争力和抗风险能力。同时，政府和企业也可以采取一些措施，如建立灵活就业人员就业信息服务平台，及时发布就业信息和市场需求，帮助他们更好地找到工作；企业在与灵活就业人员合作时，可以签订更加稳定的合作协议，保障他们的基本收入和工作权益。

展望未来，灵活的劳动就业关系将在新质生产力的发展中发挥更加重要的作用。随着科技的不断进步和经济的持续发展，新质生产力将呈现出更加蓬勃的发展态势，而灵活就业模式也将不断创新和完善，与新质生产力实现深度融合和协同共进。

在科技创新领域，灵活就业将进一步激发创新活力。随着人工智能、区块链等新兴技术的发展，远程协作和分布式创新将成为主流。全球的科技人才可以通过互联网平台，打破地域限制，共同参与到创新项目中。例如，在开源软件项目中，来自不同国家和地区的开发者可以自由贡献代码，共同推动软件技术的发展。这种灵活的创新模式，将加速科技成果的转化和应用，推动新质生产力的快速发展。

在产业发展方面，灵活就业将促进产业的转型升级和协同发展。传统产业在向智能化、数字化转型的过程中，将更加依赖灵活就业模式来获取专业的技术人才和创新的解决方案。同时，新兴产业的发展也将创造更多的灵活就业机会，形成产业发展与就业增长的良性互动。例如，在智能制造领域，企业可以通过与灵活就业的工业设计师、自动化工程师合作，实现产品设计和生产流程的优化升级；而智能制造产业的发展，又将带动相关技术服务、设备维护等灵活就业岗位的增长。

在社会发展方面，灵活就业将为解决就业问题、促进社会公平提供新的思路和方法。随着人口结构的变化和就业需求的多样化，灵活就业模式将为更多的人提供就业机会，包括残障人士、退休人员、家庭主妇等群体。通过灵活就业，他们可以充分发挥自己的能力和价值，实现自我发展和社会融入。同时，灵活就业模式也有助于缩小城乡、区域之间的就业差距，促进社会的公平与和谐发展。

灵活的劳动就业关系作为构建新型生产关系的重要机制，是推动新质生产力发展的关键力量。尽管在发展过程中面临一些问题和挑战，但只要我们积极应对，不断完善相关政策和制度，充分发挥灵活就业的优势，就一定能够实现灵活就业与新质生产力的协同发展。

后　记
在制度与技术的双螺旋中开辟未来

站在时代的十字路口，我们正目睹一场前所未有的经济变革风暴。当 DeepSeek 能瞬间生成专业文案，当新能源汽车以颠覆性速度重塑出行方式，当元宇宙逐渐模糊虚拟与现实的边界，这些令人惊叹的创新背后，涌动着一股重塑世界经济格局的力量——新质生产力。而在这股力量的深处，一条关键纽带正悄然编织，它将决定人类社会未来经济发展的走向，这就是新型生产关系。

时代之需：新质生产力呼唤新型生产关系

发展新质生产力，已然成为推动高质量发展的核心引擎与关键着力点。它像一台精密的发动机，驱动着社会经济不断向前迈进。在当今时代，以数字化、网络化、智能化、绿色化为代表的科技创新与产业创新，正以前所未有的速度加速融合。这一融合催生出的新质生产力，带着高技术、高效能、高质量的鲜明特征，如同一棵破土而出的春笋，在实践的土壤中迅速成长。

新质生产力的崛起，对技术、数据、人才等创新要素的权利分配、治理结构、合作模式等提出了全新的挑战与要求。

想象一下，在一个充满智能机器人的工厂里，数据如同血液般在各个环节流淌，技术创新不断突破边界，人才成为推动这一切运转的灵魂。但如果没有合理的权利分配机制，数据可能被垄断，技术创新的动力会被削弱，人才的价值也无法得到充分发挥。因此，形成与之相适应的新型生产关系，已成为迫在眉睫的任务。

回顾人类社会的发展历程，每一次重大的进步都伴随着生产力的突破性变革。从石器时代到青铜时代，从工业革命到信息革命，生产力的每一次跨越都带来了社会的巨大变迁。然而，面对生产力变迁带来的机遇，不同国家的发展轨迹却大相径庭。有的国家能够顺势而上，成为时代的引领者；有的国家却错失良机，逐渐落后。究其根源，关键在于能否及时形成适应新生产力发展要求的生产关系。

在新质生产力发展的浪潮中，技术的革命性突破、生产要素的创新性配置、产业的深度转型升级，都离不开新型生产关系的构建。以近年来兴起的电子商务为例，它打破了传统的交易模式，让全球的商品可以很快呈现在消费者面前。但如果没有完善的信用体系、物流配送制度以及数据安全保障等新型生产关系的支撑，电子商务的繁荣将无从谈起。再如共享经济，从共享单车到共享办公空间，这种全新的经济形态极大地提高了资源的利用效率，但同样需要合理的利益分配机制、监管制度等新型生产关系来规范和保障其健康发展。

反作用之力：新型生产关系赋能新质生产力

从生产关系反作用于生产力的视角来看，围绕新质生产力全面深化改革、加快形成新型生产关系，是培育和发展新质生产力的必要条件。人工智能，作为新质生产力的典型代表，正深刻改变着我们的生活和工作方式。但要让人工智能真正发挥其提升生产力的巨大效应，并非简单地将技术应用到各个行业那么容易。

以智能客服为例，要实现高效、精准的客户服务，不仅需要先进的自然语言处理技术，更需要构建起新的企业组织形式。人工智能的技术研发机构和应用企业之间需要紧密合作，打破传统的组织边界，以一种全新的协同模式共同打造数字化解决方案。同时，人工智能的效用发挥离不开海量数据，这些数据就像是它的"燃料"。只有构建起完善的数据确权、交易、收益制度体系，才能充分激发人工智能模型训练和产业应用，让人工智能真正释放出强大的生产力提升效应。

试想，如果没有明确的数据产权界定，企业可能会担心数据被滥用，从而不敢轻易共享数据；如果没有合理的数据交易机制，数据的价值就无法得到充分体现，也难以吸引更多的投入用于数据的采集和处理。因此，新型生产关系对于人工智能等新质生产力的发展至关重要。

全球竞争：新型生产关系是制胜关键

在全球范围内，新一轮科技革命和产业变革正如火如荼地展开，这为培育和发展新质生产力提供了前所未有的机遇，同时也带来了激烈的竞争。从某种意义上说，新质生产力的国际竞争，很大程度上就是新型生产关系的竞争。谁能够率先构建起适应新质生产力发展的新型生产关系，谁就能在这场竞争中抢占先机，构建起独特的优势。

近年来，一些欧美国家围绕半导体、人工智能、量子技术等关键领域，强化选择性产业政策。美国通过一系列税收优惠、补贴政策，吸引全球半导体企业在美国建厂，本质上就是通过产业政策手段重构生产关系，加快推动本国科技创新能力提升，试图形成不同于以往的生产力质态，以抢占科技革命和产业变革的制高点。

回顾历史，英国在第一次工业革命中脱颖而出，成为世界强国，离不开知识产权保护制度、现代银行制度等新型生产关系的构建。这些制度为创新提供了保障，为经济发展提供了资金支持。美国在第二次工业革命中崛起，现代资本市场制度、现代公司制度以及反垄断制度等的重塑功不可没。这些制度促进了资本的有效配置，激发了企业的创新活力。德国在第三次工业革命中崭露头角，研究型大学、研发机构等的形成，为技术创新和产业发展提供了源源不断的动力。

在当前的全球竞争中，我国能够形成独特优势，得益于国家领导人的高瞻远瞩。率先提出新质生产力这一具有原创性的概念，并大力推进科技体制、教育体制、人才体制等改革，为我国新质生产力发展、参与国际竞争奠定了坚实的理论基础，指明了清晰的发展方向。

微观激发：释放创新主体活力

激发微观主体创新活力、提升原始创新能力，是发展新质生产力的核心所在。与传统生产力相比，新质生产力最显著的特点就是创新。它就像一颗充满活力的种子，只有在适宜的土壤中才能生根发芽、茁壮成长。而新型生产关系，就是培育这颗种子的肥沃土壤。

劳动者，作为生产力中最活跃、最具决定性的要素，是推动创新的最微观主体。构建新型生产关系，就要通过深化教育体制、科技体制改革，培育出与新质生产力相适应的劳动者。这就好比让每一个劳动者都能在创新的大门前找到属于自己的“金钥匙”。通过完善的教育体系，培养劳动者的创新思维和实践能力；通过合理的激励机制，充分激发各类人才的创新动力和创新活力。

企业，作为推动创新最重要的组织单元，在新型生产关系的构建中也扮演着关键角色。在完善社会主义市场经济体制、正确处理政府和市场关系的过程中，要强化企业创新主体地位，激发企业加大创新投入。以华为为例，多年来持续高额的研发投入，让其在 5G 技术等领域取得了领先地位。这背后离不开良好的市场环境和政策支持，以及企业自身对创新的重视和投入。新型生产关系要为企业营造一个鼓励创新、支持创新的氛围，让企业敢于创新、乐于创新。

从创新活动内容来看，提升各类主体的原始创新能力、颠覆性创新能力是形成新质生产力的关键。新质生产力所要求的创新，更加注重原始创新、底层技术创新和突破式创新。这就如同建造一座高楼大厦，原始创新就是坚实的地基。只有打好地基，才能建起高楼。因此，新型生产关系要激发各类主体加大对基础研究的投入，提升原始创新和突破式创新能力。